Peter Bekes

Stundenblätter Frank Wedekind Frühlings Erwachen

32 Seiten Beilage

Ernst Klett Verlag für Wissen und Bildung
Stuttgart · Dresden

Reihe: Stundenblätter Deutsch
Herausgeber dieses Heftes: Jürgen Wolff

In der Klett-Reihe Editionen für den Literaturunterricht ist erschienen:
Frank Wedekind: Frühlings Erwachen. Materialien.
Ausgewählt und eingeleitet von Peter Bekes.
Stuttgart 1986
Klettbuch 35872

(Die vorliegende Unterrichtseinheit bezieht sich im wesentlichen auf diesen Materialienband)

Gedruckt auf Papier,
welches aus Altpapier hergestellt wurde.

Die Deutsche Bibliothek – CIP-Einheitsaufnahme

Bekes, Peter:
Stundenblätter Frank Wedekind „Frühlings Erwachen“: [ein Unterrichtsmodell für die 10. Klasse] / Peter Bekes. – 3. Aufl. –
Stuttgart; Dresden: Klett, Verlag für Wissen und Bildung, 1995
(Reihe: Stundenblätter Deutsch)
ISBN 3-12-927412-X

3. Auflage 1995

Satz: G. Müller, Heilbronn; W. Röck, Weinsberg
Druck: W. Röck, Weinsberg
Einbandgestaltung: Zembsch' Werkstatt, München
ISBN 3-12-927412-X

Inhalt

1. Einführung

Seit dem Ende des 19. Jahrhunderts wendet sich eine beachtliche Anzahl von Autoren in ihren literarischen Texten insbesondere den Problemen von Kindern und Jugendlichen in der Schule zu. Gegenstand der zumeist kritischen Darstellungen sind die Erlebnisse und Erfahrungen von Schülern, das Verhalten von Lehrern, die institutionellen Zwänge in der Schule, der Zusammenhang von Schule und Leben. Zwar läßt sich kaum davon sprechen, daß sich in dieser Zeit so etwas wie ein Paradigma der Schuldichtung entwickelt: Zu heterogen sind die Themen und Probleme, die unter diesen Titel gebracht werden können, zu unterschiedlich sind die methodischen Zugriffe, mit denen die Autoren das facettenreiche thematische Angebot gestalten. In dramatischer und epischer Literatur, in satirischer und ironischer Absicht, teils komisch, teils tragisch, zumeist kritisch, manchmal aber auch affirmativ wird die Institution der Schule behandelt. Hesses „Unterm Rad“, Rilkes „Turnstunde“, H. Manns „Professor Unrat“, Musils „Die Verwirrungen des Zöglings Törleß“ und nicht zuletzt Wedekinds „Frühlings Erwachen“ gelten wohl als die bekanntesten literarischen Beispiele für die Auseinandersetzung mit dem Problemfeld Schule. Was sind die Gründe für die Dringlichkeit dieses Stoffes oder besser: welche gesellschaftlichen Bedingungen waren maßgebend für die Beschäftigung der Autoren mit diesem Thema?

Sicherlich, Literatur, die sich mit der Schule, der Beziehung von Lehrern und Schülern, mit den spezifischen Verhältnissen im Unterricht auseinandersetzte, gab es schon vereinzelt im 18. und im frühen 19. Jahrhundert. Man denke nur an die Autobiographien und Bildungs- bzw. Entwicklungsromane in diesem Zeitraum, so etwa an K. P. Moritz' psychologischen Roman „Anton Reiser“. Doch waren hier die Phase der Schulzeit und die mit ihr verbundenen individuellen Probleme eingebunden in den größeren Lebensgang eines Individuums, d. h. in die umfassende Darstellung der Entfaltung, der Reifung einer Persönlichkeit, die sich in der Auseinandersetzung mit gesellschaftlichen Ansprüchen entwickelte. Sie machte dabei zuweilen sehr leidvolle Erfahrungen, war aber letztlich doch in der Lage, den Widerspruch von Subjektivität und sozialen Verhältnissen auszuhalten und in der produktiven Vermittlung von beiden eine neue, objektivere Form von Individualität auszubilden.

Unter diesem allgemein menschlichen Bildungshorizont, dessen geistesgeschichtliche Bedingungen in den philosophischen Vorstellungen der Klassik vom Menschen liegen, stellt sich den Autoren am Ende des 19. Jahrhunderts der Problembereich der schulischen Erziehung nicht mehr dar. Er gewinnt hier einen Eigenwert, läßt sich nicht mehr mit einem übergreifenden, an Ganzheit orientierten Entwicklungsbegriff vereinbaren. Und dies, weil hier einzelne Autoren die Kontinuität von Schule und Leben nicht mehr fraglos unterstellen. An den konkreten Schulproblemen der Heranwachsenden hat sich dem Augenschein nach nichts geändert, gewandelt hat sich allerdings der Erwartungshorizont, unter dem diese wahrgenommen und verarbeitet werden. Deren Erfahrung führt geradewegs in die Krise, die lebenshemmend, lebensbedrohend, ja lebensvernichtend ist. „Schülerkrisen“, so heißt denn auch der aufschlußreiche Titel eines Buches von dem Sozial-

wissenschaftler Gottschalch, das sich mit den sozialpsychologischen Bedingungen der krisenhaften Erfahrung von Schule und Familie durch die Jugendlichen um die Jahrhundertwende beschäftigt. Die Schule, ihre Mechanismen und Normen, werden als wirklichkeitsfremd, repressiv und lebensfeindlich erfahren. Von der Enge und dem Muff der Jugenderziehung, ja von Schülerselbstmorden ist in der Literatur der Zeit häufig die Rede.
Die z. T. von der Lebensphilosophie Nietzsches inspirierte Kritik an der starren Form des Schulbetriebes, die von der Jugendbewegung geforderte pädagogische Hinwendung zum Natürlichen und Einfachen, die reformpädagogischen Bemühungen um alternative Schul- und Unterrichtsformen, alle diese kulturkritischen und kulturreformerischen Ansätze sind wichtige geistesgeschichtliche Impulse für die Ausbreitung der unterschiedlichen Formen der sich mit schulischer Erziehung befassenden Literatur; dennoch vermögen sie nicht ausschließlich deren Entstehen zu erklären. Noch sehr viel weniger wird die diffuse Behauptung von der Hinwendung der Autoren zu einer realistischen Stilhaltung diesem historischen Phänomen gerecht (vgl. Maier, Die Schule in der Literatur, 184). Im Gegenteil, zumeist werden die schulischen Erfahrungen der Jugendlichen bzw. der Lehrer und ihre Erziehungspraktiken nicht platt naturalistisch dargestellt, sondern in satirischer und parodisierender Absicht.
Gegenüber all solchen Erklärungsversuchen, mögen sie nun im einzelnen stil-, kultur- bzw. philosophiegeschichtlich motiviert sein, muß festgehalten werden, daß sie ausschließlich angewandt nur von begrenztem Aussagewert sind. Sie müssen im Zusammenhang mit den sozialpolitischen Voraussetzungen der Wilhelminischen Zeit und hier insbesondere mit dem sich allmählich wandelnden Verständnis von Schule und Familie gesehen werden. Die der Schulliteratur immanente Kritik, die sich zuweilen in ohnmächtigen Protestgesten artikuliert, ist literarische Problemformulierung spezifischer gesellschaftspolitischer Entwicklungen.

Die zunehmende Industrialisierung und Differenzierung von Arbeitsprozessen erforderten am Ende des Jahrhunderts eine Umstrukturierung des Bildungsbereiches. Die sich rasch entwickelnde Wirtschaft verlangte von den Arbeitnehmern realwissenschaftliche Kenntnisse und technische Qualifikationen. Diesen Ansprüchen konnte das humanistische Gymnasium alter Prägung nicht mehr genügen. Es mußte mit dem Realgymnasium konkurrieren. Beide Schultypen gaben den Konkurrenzdruck in Form erhöhter Leistungsanforderungen an die Schüler weiter. Diese wurden unterdrückt, hatten zu gehorchen und zu funktionieren.
Daneben prägten das Leistungsethos, das Prestige- und Aufstiegsdenken des Bürgertums, insbesondere der in dieser Zeit vom sozialen Abstieg bedrohten Mittel- und Kleinbürgerschichten die Praktiken, mit denen die ältere Generation die Jugendlichen erzog. Zusammen mit den Lehrern wiesen die Eltern die Triebansprüche der Heranwachsenden zurück. Die Leistungsmoral erforderte den Triebverzicht. Besonders in Fragen der Sexualität zeigte man sich unnachgiebig. Man versuchte die erwachende Sexualität bei den Jugendlichen einzuschnüren, indem man sie als unverträglich mit bestimmten moralischen Konventionen auswies. Die jugendliche Erfahrung von Sexualität war daher fast immer von Ängsten überlagert. Die Verteufelung der Onanie ist in diesem Zusammenhang wohl das eindrucksvollste Beispiel für solch repressive Moral. Dort, wo die Durchsetzbarkeit der moralischen und sozialen Forderungen mit

Schwierigkeiten verbunden war, wich man dem Problem der Sexualität ängstlich aus oder versuchte, es gänzlich aus der Öffentlichkeit zu verbannen. Die Zeit beschränkte ihre Moral darauf, „dem jungen Menschen zwar nicht zu verbieten, seine vita sexualis auszuüben, aber sie forderte, daß er diese peinliche Angelegenheit in irgendeiner unauffälligen Weise erledigte. War die Sexualität schon nicht aus der Welt zu schaffen, so sollte sie wenigstens innerhalb ihrer Welt der Sitte nicht sichtbar sein. Es wurde also die stillschweigende Vereinbarung getroffen, den ganzen ärgerlichen Komplex weder in der Schule, noch in der Familie, noch in der Öffentlichkeit zu erörtern und alles zu unterdrükken, was an sein Vorhandensein erinnern könnte." (Zweig, 88)

Alle diese skizzierten Aspekte, die spezifischen Sozialisationsbedingungen in der Familie und Schule, die Probleme der Kinder mit den sozialen Anforderungen der älteren Generation und nicht zuletzt die psychischen Schwierigkeiten der Jugendlichen, ihre eigene Natur zu erfahren und zu bewältigen, stellen auch entscheidende Problembereiche in Wedekinds „Frühlings Erwachen" dar. „Ich begann zu schreiben", so erinnert sich Frank Wedekind an die Entstehung seines Stückes, „ohne irgendeinen Plan, mit der Absicht zu schreiben, was mir Vergnügen macht. Der Plan entstand nach der dritten Szene und setzte sich aus persönlichen Erlebnissen und Erlebnissen meiner Schulkameraden zusammen. Fast jede Szene entspricht einem wirklichen Vorgang." (Wedekind, Bd. 3, 338) Solche Verklammerung von Werk und Biographie läßt sich ziemlich genau am Briefwechsel des jüngeren Wedekind mit seiner Mutter und seinen Schulfreunden belegen. Unter den verschiedenen Problemen, die in den Briefen und im Stück Wedekinds behandelt werden, spielt die Erziehungsproblematik sicherlich eine der dominierenden Rollen. Schon die Zeitgenossen des Autors haben sein Drama insbesondere unter dem Horizont pädagogischer Aspekte und Fragestellungen wahrgenommen und erörtert. Dies läßt sich deutlich an den Inszenierungen nach 1906, dem Jahr der Uraufführung des Stückes, und an den kontroversen Diskussionen in den mannigfaltigen Rezensionen und Monographien belegen, die sich mit dem Stück bzw. seinen Aufführungen beschäftigen.

G. Seehaus, der in einer umfassenden Untersuchung die Bühnengeschichte des dramatischen Werkes von Wedekind aufgezeichnet und untersucht hat, unterscheidet drei Inszenierungstypen, „je nachdem die Tendenz der Vordergrundhaltung, der lyrische Stimmungsgehalt der meisten Szenen oder der (oft phantastisch bizarre) vom Dichter angestrebte Humor in den Vordergrund gestellt wird". (Seehaus, 307) Dabei wird in erster Linie die tendenzielle Aktualisierungsform in Zusammenhang mit den pädagogischen Intentionen des Autors gesehen. Das Stück wird als Tendenzschrift gegen pervertierte pädagogische Verhältnisse, als Plädoyer für die natürlichen Ansprüche der Jugendlichen aufgefaßt. Diese, von Erziehern, ihren Eltern und Lehrern, mit ihren Fragen und Problemen allein gelassen, in ihren Bedürfnissen und Wünschen von ihnen nicht verstanden, gehen an den starren Erziehungsmaximen und -praktiken der älteren Generation zugrunde.

Die Erziehungsproblematik, insbesondere die Behandlung sexualpädagogischer Fragestellungen, gibt dem Stück auch heute noch Dringlichkeit und Brisanz. Größtenteils verdankt sich die Attraktivität, die es momentan in der Unterrichtspraxis der Mittel- und Oberstufe genießt, eben der hier dargestellten Erziehungsproblematik. Bei aller Liberalisierung der Erziehungsmethoden in Familie und Schule seit der Entstehung des Stückes scheint dieses einen fast zeitlosen Kernbestand an sozialpädagogischen Problemen zu enthalten, die auch heute noch nicht völlig gelöst sind.

Dennoch, die Attraktivität pädagogischer Themen sollte nicht zu voreiligen Schlüssen verleiten. Das Stück ist nicht als Medium, als Vehikel zu verstehen, mit dem der Dichter seine Kritik an den pädagogischen Agenturen der Wilhelminischen Zeit bzw. seine durchaus progressiven pädagogischen Anschauungen zum Ausdruck bringen wollte. Das hieße, das Theater zur „Elternkorrekturanstalt" (Seehaus, 337) zu degradieren. Das würde aber auch bedeuten, die Form-Inhalt-Dialektik des literarischen Werkes zu verkennen und die poetische Form des Dramas zur bedeutungslosen, zufälligen Hülse eines bedeutsamen Gehaltes zu machen. Wedekind ist kein Pädagoge, sondern Dichter. Sein Stück ist kein pädagogischer, sondern ein literarischer Diskurs. Diese Einsicht ist in der Unterrichtseinheit insbesondere bei ihrer Planung, zu berücksichtigen. Dies jedoch nicht aus dem Grunde, um dem Literaturunterricht die Behandlung genuin ästhetischer bzw. literarischer Fragestellungen zu bewahren, *sondern weil* Wedekind Erziehungsprobleme nicht pädagogisch, sondern literarisch formuliert (von einer Lösung dieser Probleme einmal ganz abgesehen). So verlockend es also für den Deutschunterricht ist, das Stück in einem erziehungskritischen Sinne auszubeuten und damit eine der Rezeptionsweisen kontinuierlich fortzuschreiben, die Seehaus unter dem Titel „tendenziell-gesellschaftskritisch" rubriziert, ist dennoch vor der Einseitigkeit dieses Vorgehens zu warnen. Die im Stück angesprochenen Erziehungsprobleme sind also im Unterricht nicht zu isolieren oder kurzschlüssig mit den jeweiligen familiären bzw. schulischen Verhältnissen in der Wilhelminischen Zeit zu konfrontieren. Das hieße, das Stück als platte, mechanische Widerspiegelung der pädagogischen Verhältnisse seiner Zeit zu verfehlen; zu untersuchen ist vielmehr, wie diese von Wedekind dramaturgisch, literarisch und sprachlich gestaltet worden sind, um spezifische Wirkungen im Theater zu erreichen.

Die Untersuchung solcher literarischen Gestaltungsfragen kann noch nicht einmal eine eindeutige Autorenintention voraussetzen. Wedekind spricht z. B. in einem Brief (5. 12. 1891) an einen Kritiker noch davon, daß er „die Erscheinungen der Pubertät bei der heranwachsenden Jugend poetisch zu gestalten suchte, um denselben wenn möglich bei Erziehern, Eltern und Lehrern zu einer humaneren rationelleren Beurteilung zu verhelfen". (Materialien, 18) Solche Legitimation, die dem Stück einen seriösen pädagogischen Anstrich verleiht, um einem möglichen Pornographieverdacht ihm gegenüber vorzubeugen, wird allerdings vom Autor 20 Jahre später in einem kurzen Kommentar zum Stück revidiert. In einer Notiz des Sammelbandes „Was ich mir dabei dachte" heißt es: „Während der Arbeit bildete ich mir etwas darauf ein, in keiner Szene, sei sie noch so ernst, den Humor zu verlieren. Bis zur Aufführung durch Reinhardt galt das Stück als reine Pornographie. Jetzt hat man sich dazu aufgerafft, es als trockenste Schulmeisterei anzuerkennen. Humor will noch immer niemand darin sehen." (Materialien, 21) Vor dem Horizont dieser unterschiedlichen Selbstinterpretationen zeigt sich, daß schon die Differenzierung von Seehaus eine künstliche ist, die dem verwickelten Verweisungszusammenhang von Gehalt und Gestalt nicht mehr gerecht wird.

2. Zur Konzeption der Unterrichtseinheit

2.1 Didaktische Überlegungen

Ausschlaggebend für die Wahl von literarischen Texten (gerade in der Sekundarstufe I) dürfte der Modus sein, wie in ihnen Realität dargestellt, aufgearbeitet und reflektiert wird. In literaturdidaktischer Hinsicht sind solche Auseinandersetzungen mit Wirklichkeit attraktiv, die den Schüler im ursprünglichen Sinn des Wortes „angehen", ihn beschäftigen, d. h. einen Bezug zu dessen Lebenswelt besitzen. Dies ist durchaus nicht selbstverständlich. Allzu häufig empfinden die Schüler die Probleme, die in kanonisierten Schullektüren formuliert werden, als fremd, abstrakt und bedeutungslos. Dies dürfte ihrer Motivation, sich überhaupt mit literarischen Texten auseinandersetzen zu wollen, nicht gerade förderlich sein. Daher sind im Literaturunterricht nicht selten extrinsische Motivationsformen zu entwickeln, die die Schüler behutsam an die Texte heranführen und ihr Interesse für sie wecken.
Ein günstiges Gesprächsangebot, das bei seiner Vorstellung solcher Motivationsformen sicherlich nicht unbedingt bedarf, stellt unzweifelhaft „Frühlings Erwachen" bereit. Unverständnis der Erzieher, Unzufriedenheit mit einzelnen Schulfächern, Lebensferne der Lehrstoffe, Aufklärungsfragen, das sind Probleme, die die Schüler selbst Tag für Tag konkret erfahren. Von diesem Erfahrungshorizont aus gewinnen sie fast zwanglos einen Zugang zu den Gestalten und Problemen des Dramas. Sie können sich aus ihrer eigenen Lebenswelt, in die diese Probleme eingebettet sind, in die Psyche der betroffenen Jugendlichen, in ihre Gedanken und Wünsche hineinversetzen, sie können aber auch die Wirkungen, die Nöte und Enttäuschungen beurteilen, die die Erziehungsmethoden der älteren Generation auslösen.

Figuren, Handlung und Probleme des Stückes legen in erster Linie dessen Behandlung in der Sekundarstufe I nahe. Zu empfehlen ist eine Besprechung des Dramas in der 10. Jahrgangsstufe (frühestens am Ende der 9. Klasse). Dies ist aus mehreren Gründen sinnvoll:

1. Der Text stellt gerade für diese Altersgruppe Identifikationsangebote und Reflexionsimpulse bereit. Er bietet den Schülern die Möglichkeit, die Bedingungen ihrer sozialen Entwicklung und Lebenswelt verstehen zu lernen und sich mit aktuellen Problemen (Schulstreß, pubertäre Erfahrungen, Berührungsprobleme etc.) auseinanderzusetzen.

2. Gegen eine zu frühe Beschäftigung mit dem Stück, etwa in der 8. Klasse, spricht
a) die sprachliche
b) die gedankliche
c) die dramaturgische
d) die literarische
Komplexität des Textes

a) Selbst bei Benutzung eines Kommentars, der ausführliche Sach- und Begriffserläuterungen bietet (vgl. den umfassenden Kommentar von H. Wagner bei Reclam), ist die Sprache des Textes (Wortwahl, Syntax, Semantik) für die Schüler immer noch sehr sperrig und häufig unzugänglich; einmal abgesehen davon, daß die Benutzung eines Kommentars für die Schüler dieser Altersgruppe ohnehin sehr mühselig ist und, was noch wichtiger ist, ihren kontinuierlichen Lektüreprozeß hemmt.

b) Ähnlich gelagert sind die Verstehensprobleme im gedanklichen Bereich. Läßt man einmal unberücksichtigt, daß einzelne Dialoge der Jugendlichen um popularphilosophische Probleme zentriert sind (z. B. das Gespräch zwischen Melchior und Wendla in I.5 über Egoismus und Altruismus), die die Schüler dieser Altersstufe aufgrund ihrer Abstraktheit kaum verstehen, so werden sie sicherlich nicht Bedeutung und Funktion der allegorischen Schlußszene erkennen, deren Erarbeitung für eine Gesamtinterpretation unerläßlich ist.

c) Als Einführungslektüre in die Dramatik (zumeist geplant für die 7. und 8. Jahrgangsstufe) eignet sich das Stück Wedekinds nicht. Will man elementare Aspekte und Regeln szenischer Texte erarbeiten, grundlegende dramaturgische Kategorien mit den Schülern erörtern, dann sollte man auf ein weniger komplexes und umfangreiches Stück zurückgreifen. (Dazu ist es sicherlich nicht unbedingt erforderlich, ein Stück aus dem Bereich des geschlossenen Dramas zu behandeln. Anhand des Stückes von Wedekind elementare dramaturgische Grundbegriffe zu erörtern, ist langatmig, zu aufwendig und verschenkt fast den schon größten Vorteil, gerade über dessen attraktive Problemformulierungen mit den Schülern ins Gespräch zu kommen.)

d) Der Text enthält eine Fülle von literarischen Anspielungen und Stilarten. Diese werden sicherlich auch für Schüler der 10. Klasse (oder Sekundarstufe II) nicht immer ohne Kommentar bzw. gezielte Hilfestellung zu entschlüsseln sein. Erhebliche Verstehensschwierigkeiten dürften den Schülern besonders jene Passagen bereiten, in denen der Autor parodiert bzw. mit grotesken Mitteln arbeitet.

Dieses Plädoyer für die Behandlung des Stückes im zweiten Teil der Sekundarstufe I soll freilich nicht die Verstehensprobleme bagatellisieren, die auch für diese Altersklasse noch in großem Maße gegeben sind. Dennoch kann man in dieser Gruppe sicherlich schon eine recht langfristige Motivation im Umgang mit umfangreichen Texten voraussetzen. Zweifellos wird sie auch das gedankliche Vermögen besitzen, größere Textzusammenhänge zu überblicken, und die Bereitschaft zeigen, nicht nur etwas über Inhalte von Problemen, sondern auch etwas über die Art, wie sie sprachlich, literarisch und dramaturgisch gestaltet sind, zu erfahren.

Die hier projektierte Unterrichtseinheit über „Frühlings Erwachen" geht also zunächst einmal von einer Besprechung des Stückes in der 10. Jahrgangsstufe aus. Dies schließt nicht aus, daß es auch in der gymnasialen Oberstufe mit Gewinn erörtert werden kann. Denkbar ist z. B. eine Behandlung des Stückes im Rahmen einer größeren Unterrichtseinheit über die Literatur der Wilhelminischen Zeit, soweit sie sich mit der Darstellung der Schule beschäftigt (z. B. Hesses „Unterm Rad", Manns „Professor Unrat" etc.). Dabei ist es allerdings erforderlich, in einem stärkeren Maße literatursoziologische, biographische, pädagogische und wirkungsgeschichtliche Fragestellungen zu berücksichtigen. In die Darstellung der gesamten Unterrichtseinheit sind daher an einzelnen Stellen auch Vorschläge eingegangen, die bei einer Behandlung des Stückes in der Oberstufe genutzt werden könnten. So notwendig allerdings die Aufarbeitung des historisch-gesellschaftlichen Kontextes anhand von spezifischen Dokumenten und Quellen aus dieser Zeit ist, um ein möglichst differenziertes und umfassendes Verständnis des Stückes im Unterricht zu erzielen, so behutsam ist in der Sekundarstufe I mit solchen Materialien umzugehen. Zu empfehlen ist eine möglichst dosierte Verwendung von aktuellen und zeitgeschichtlichen Dokumenten. Eine Sammlung von Texten bietet die Editionen-Reihe. An dieser orientiert sich die Konzeption der Unterrichtseinheit.

Bei der Behandlung einer Ganzschrift im Unterricht der Sekundarstufe I ergeben sich zahlreiche literaturdidaktische Probleme. Zu den wichtigsten zählt wohl die Frage, in welcher Weise der Text von den Schülern lektüremäßig aufbereitet werden soll. Sollen sie das Stück als Ganzschrift zu Hause vollständig lesen? Oder soll die Lektüre in Form einer verzögerten Rezeption Schritt für Schritt zu Hause erfolgen und entsprechend der Schrittfolge im Unterricht nach- und vorbereitet werden?

Zu favorisieren ist ein kombiniertes Verfahren. Zunächst ist der Anfang des Textes mit den Schülern gemeinsam zu lesen (z. B. mit verteilten Rollen), um sie mit den Problemen, der Sprache und Dialogführung des Dramas vertraut zu machen. Eine solche erste Annäherung wird sie für die häusliche Lektüre motivieren. Diese sollte in einer oder zwei Etappen erfolgen.

Die Belastung, die den Schülern daraus erwächst, hält sich dabei durchaus in Grenzen. Diese Methode bietet ihnen den Vorteil, daß sie anschließend aufgrund ihrer Lektüre gemeinsam Interessenschwerpunkte festsetzen bzw. Fragestellungen entwickeln und somit den Verlauf der Unterrichtseinheit zumindest partiell bestimmen können.

Ein solches Verfahren läßt sich darüber hinaus auch durch dramentheoretische Überlegungen rechtfertigen. Volker Klotz hat in seiner Monographie über die Struktur und Funktion von grundlegenden Dramentypen das Stück Wedekinds als ein Paradigma der offenen Form ausgewiesen. Diese Kategorisierung hat er anhand spezifischer dramaturgischer Bausteine, wie z. B. Handlung, Person, Sprache etc. deutlich zu machen versucht. Demnach liegt Wedekinds Drama ein Handlungskonzept zugrunde, das kaleidoskopartig gebrochen ist und in eine Vielzahl disparater Stränge und Episoden zerfällt. Die Fabel wird hier also nicht logisch-sukzessiv entwickelt, treibt nicht auf einen Konflikt hin, ist nicht auf ein Ziel hin ausgerichtet und besitzt auch keinen ganzheitlichen Charakter. Die insgesamt 19 Szenen des Stückes sind nur locker miteinander verbunden und haben einen gewissen situativen Eigenwert.

Solche strukturellen Vorgaben zur Tektonik des Stückes legen ein didaktisches Vorgehen nahe, das bei der Interpretation thematische Schwerpunkte setzt, bedeutende Aspekte freilegt, übergreifende Problemzusammenhänge erörtert. Das, was die didaktische Erarbeitung eines dramatischen Beispiels der geschlossenen Form schon fast gebieterisch fordert, nämlich im Sinne konventioneller dramentheoretischer Konzepte die Entwicklung der Handlung von der Exposition über die Peripetie bis zur Katastrophe (Lösung) sukzessiv zu untersuchen und zu diskutieren, braucht bei der Behandlung von Wedekinds Stück nicht berücksichtigt zu werden.

Dennoch, die Schwierigkeiten, diesen didaktischen Zugriff zu wählen, nämlich Schwerpunkte zu setzen, sollten wiederum auch nicht unterschätzt werden. Er erfordert nämlich intensive Textkenntnisse, ein weitgehendes Vermögen zu abstrahieren und übergreifende semantische

Zusammenhänge zu erkennen bzw. selbst zu bilden, insgesamt also einen souveränen Umgang mit der Textvorlage. Es ist nicht unbedingt zu erwarten, daß eine solche umfassende Kompetenz bei Schülern der Sekundarstufe I schon vorausgesetzt werden kann. In dieser Hinsicht bedürfen sie gezielter Hilfestellungen in Form von Strukturierungsangeboten. Zudem muß man bedenken, daß die Behandlung des Stückes im Unterricht, auch wenn schon in den Jahren zuvor szenische Texte besprochen wurden, immer noch von grundlegendem Charakter ist. Das bedeutet, daß es sich gar nicht vermeiden läßt, den einen oder anderen dramaturgischen Grundbegriff zu festigen und zu klären.

Die Bildung der einzelnen Sequenzen innerhalb der Einheit orientiert sich vorwiegend an den Ergebnissen, die aus der Behandlung des Stückes im Unterricht resultieren. Schätzt man deren Bedingungen einigermaßen realistisch ein, so stellt das hier vorgelegte Planungskonzept schon eher einen Katalog an Maximalforderungen auf. An diesen braucht sich der Lehrer nicht stringent zu binden. Im Gegenteil, er sollte den Entwurf als Angebot betrachten, aus dem man sinnvollerweise – je nach schulischen Voraussetzungen und Bedingungen der Lerngruppe – wählen sollte, ja müßte. Das Konzept will nicht gängeln, sondern durch Bereitstellung elementarer interpretatorischer Voraussetzungen und durch Formulierung didaktischer Anregungen Freiraum für den Unterrichtenden schaffen. Je nach Bedarf und Zielsetzung kann es gekürzt und konzentriert werden. Es ist allerdings auch offen für Ergänzungen und Verbesserungen.

Ähnlich sollten die zeitliche Gestaltung und Limitierung der Reihe gesehen werden. Die Angaben zum zeitlichen Umfang der einzelnen Sequenzen beruhen auf Erfahrungswerten. Diese sind sicherlich in einem begrenzten Maße zu variieren. Das hängt zu einem großen Teil von den Interessen und dem Verständnis ab, das die Schüler innerhalb der Unterrichtseinheit zeigen. Die gleiche Flexibilität sollte gegenüber der konkreten Füllung und Anordnung der einzelnen Sequenzen gezeigt werden.

Um eine gründliche und effektive Vorbereitung zu ermöglichen, sind die einzelnen Sequenzen nach einem vorgegebenen Schema gegliedert. Zugrunde liegt ihnen eine Zweiteilung in Sachanalyse und Unterrichtsverlauf. Dieser Aufbau soll einen möglichst raschen Überblick gewährleisten. In der Sachanalyse sollen in geraffter Form eine Interpretation der jeweils untersuchten Szene und zentrale Deutungshypothesen zu den je vorliegenden Problemformulierungen vorgestellt werden. Das kann nicht bedeuten, daß hier über philologische Subtilitäten geredet und über kontroverse Forschungsansätze ausführlich diskutiert wird. Der didaktische Kommentar ist einerseits auf den geplanten Unterrichtsverlauf bezogen, andererseits macht er aber auch auf interpretatorische Gesichtspunkte aufmerksam, die nicht in der Stundenkonzeption berücksichtigt wurden. Inwieweit der Lehrer solche Aspekte über den projektierten Unterrichtsverlauf hinaus noch in seine Planung und Unterrichtsführung einbezieht, hängt von den konkreten Unterrichtsbedingungen ab, auf die er sich einzustellen hat.

Bei der Darstellung des Unterrichtsverlaufes ist es an einzelnen Stellen unerläßlich, nochmals Gesichtspunkte der Sachanalyse zu bemühen. Relevant sind diese dann allerdings nur im Hinblick auf methodisch-didaktische Fragestellungen und Entscheidungen.

2.2 Übersicht über die Unterrichtseinheit

Vorbereitungen:

Anschaffung: Frank Wedekind „Frühlings Erwachen". Stuttgart (Reclam) 1971 (= Reclam 7951).
Editionen. Materialien zu Frank Wedekind „Frühlings Erwachen". Stuttgart (Klett) 1986.

Vergabe eines Referates über Frank Wedekinds Biografie (vgl. die 7. Stunde)

Stunde	Texte und Themen	Hausaufgaben
1. Stunde	Artikulationsphase – Erfahrungsaustausch der Schüler über familiäre und schulische Probleme	Interviews mit der älteren Generation; Dokumentation von Erfahrungen und Materialien
2. Stunde	Annäherung an den Text (I.1 und der Anfang von I.2) – Konfrontation mit den Problemen der Jugendlichen um die Jahrhundertwende	Lektüre des Dramas
3. Stunde	Rezeptionstheoretische Analyse sinnbildender Elemente des Nebentextes (Titel, Untertitel, Titelbild, Personenverzeichnis, Widmung)	Elemente einer Theateraufführung (Stoffsammlung) – Lektüre des Dramas
4. Stunde	Phänomenologie der Theaterinszenierung – Zensurmaßnahmen und Bühnentechnik (I.1)	Erstellung eines Szenariums in tabellarischer Form – Lektüre des Dramas
5./6. Stunde	Aufbau des Stückes (Handlung, Figuren, Raum, Zeit)	Lektüre des autobiografischen Textes von Wedekind (vgl. Materialienband, 36ff.)
7. Stunde	Familiäre Erziehung um 1890 – Biografische und sozialgeschichtliche Aspekte; Analyse des Textes von Weber-Kellermann (vgl. Materialienband, 13ff.)	Intensive Lektüre von II. 2 und III. 5
8. Stunde	Das Erziehungsverhalten der Frau Bergmann – Beispielhafte Dialoganalyse (II.2)	Intensive Lektüre von II. 1 und III. 3 – Schriftliche Charakterisierung des Erziehungsverhaltens von Frau Gabor
9. Stunde	Familiäres Tribunal – das Erziehungsverhalten des Ehepaars Gabor (III.3)	–

10. Stunde	Wedekind: Aufklärungen (vgl. Materialienband, 15ff.)	Intensive Lektüre von I.2 (Anfang), I.4, II.1, III.1 und III.2 (Schluß) – Formulierung von Schlüsselfragen
11./12. Stunde	Die Schule aus der Sicht der Jugendlichen (I.2; I.4; II.1; III.2)	Lektüre: III.1 – Erstellung eines Bühnenplanes (Graphik, Beschreibung; Rolleninterpretation Sonnenstich und Lehrer)
13./14. Stunde	Selbstdarstellung der Schule – Lehrerkonferenzszene als Groteske (III.1)	Lektüre: I.2 und I.3 – Vergleichende Charakterisierung: Moritz/Melchior sowie Wendla/Thea/Martha
15./16. Stunde	Die Lebenswelt der Jugendlichen – Pubertätsprobleme (Aktualisierung) (I.2; I.3)	Lektüre: I.5 – Analyse von I.5
17. Stunde	Pervertierte Sexualität (I.5)	Lektüre: III.7 – Darstellung der Bedeutung und Funktion des vermummten Herrn
18./19. Stunde	Die Schlußszene – Parodie und Allegorie (III. 7)	

Die Attraktivität der Probleme und Handlungskonstellationen dieses Dramas für Schüler der Sekundarstufe I legt einen unmittelbaren Zugang zu diesem nahe. Dennoch sollte man die Unterrichtseinheit nicht sofort mit der Besprechung des Stükkes nach voraufgegangener häuslicher Lektüre beginnen lassen. Damit verspielt man die einmalige Chance, über die lebensweltlichen Erfahrungen der Schüler zu den Problemen des Stückes zu gelangen. Es ist daher an den Anfang der Reihe eine Gesprächsphase zu stellen, in der den Schülern Gelegenheit gegeben werden soll, ihre Gedanken und Gefühle zu artikulieren, die sie mit familiärer und schulischer Erziehung verbinden. Das kann durchaus an der Art und den Inhalten der Gespräche, die sie mit der älteren Generation führen, festgemacht werden.

Dient die erste Stunde dem Erfahrungsaustausch, der die Schüler aktualisierend auf die Probleme des Textes vorbereitet, so werden sie in der zweiten Stunde konkret an diesen herangeführt und lernen ihn erstmals kennen. Als Paradigmen für die Darstellung konventioneller Erziehungsmethoden und ihrer Wirkung auf die Jugendlichen können durchaus die erste und der Beginn der zweiten Szene des Stückes fungieren, die gemeinsam mit verteilten Rollen gelesen werden. Beide Szenen werden vorwiegend unter inhaltlichen Gesichtspunkten diskutiert. Die Schüler sollen die hier vorgestellten schulischen und familiären Schwierigkeiten der Jugendlichen mit ihren persönlichen Erfahrungen aus ihrer eigenen Lebenswelt vergleichen, Gemeinsamkeiten und Unterschiede herausarbeiten.

Um zeitliche Belastungen für die Schüler zu vermeiden, ist es vielleicht schon an dieser Stelle sinnvoll, ihnen grünes Licht für die Gesamtlektüre des Dramas zu geben. Geht man davon aus, daß der Deutschunterricht in der 9./10. Jahrgangsstufe dreistündig angeboten wird, so haben sie etwa eine Woche Zeit, das Stück zu lesen. Nach allen Erfahrungen ist dieser Lektürezeitraum nicht zu knapp bemessen.
Die Diskussion in der folgenden Stunde soll um die hermeneutischen Dispositionen des Textes (Titel, Untertitel, Titelbild, Personenverzeichnis, Widmung) zentriert sein. Hier lassen sich gezielte Informationen darüber gewinnen, wie der Autor sein Drama verstanden wissen will (poetologische Hinweise im Untertitel, die Rolle des vermummten Herrn als interpretatorischer Bezugspunkt etc.).

Die Diskussion dieser Gesichtspunkte könnte überleiten zur Thematik der folgenden Stunde. In ihr wird eine Art Phänomenologie des Verhältnisses von Drama und Inszenierung geboten. Sollte sich die Möglichkeit ergeben, mit den Schülern eine Theateraufführung von „Frühlings Erwachen" zu besuchen, dann ist diese Phänomenologie durchaus als propädeutische Arbeitsphase dafür anzusehen. Das Ziel dieses Vorgehens besteht darin, den Schülern das Bewußtsein zu vermitteln, daß Wedekinds Stück als Partitur verstanden werden muß, die auf Interpretation und Inszenierung hin angelegt ist.
Mit dieser Sequenz schließt der erste Teil der Unterrichtseinheit, der die Schüler auf den Text vorbereiten, sie mit ihm vertraut machen und ihnen methodisches Rüstzeug für dessen Analyse bereitstellen sollte.

In den folgenden Stunden kann nun entsprechend der unter 2.1 favorisierten didaktischen Richtung mit der Betrachtung einzelner thematischer Schwerpunkte und Problemkonstellationen des Stückes begonnen werden. Um dem beabsichtigten problemorientierten Ansatz Profil zu geben, ist zunächst der Aufbau des Stückes zu kennzeichnen. Es wird dabei darauf ankommen, Wedekinds Stück als ein Drama der offenen Form auszuweisen. Anhand der Lektüreerfahrungen sind solche Strukturprinzipien wie die Dissoziation der Handlung, der Wechsel von kollektivem und individuellem Handlungsstrang, von Orten (außen, innen), die Thematisierung von Zeit, assoziative Verklammerungstechnik etc. herauszuarbeiten.

Ein dominanter Problemkreis der kommenden Stunden dürfte sicherlich der Komplex der Erziehung sein, differenziert in schulische und familiäre Erziehung. In den beiden folgenden Stunden ist zunächst der Problemkreis familiärer Erziehung und Sozialisation zu kennzeichnen und zu erörtern. Es gilt Bedingungen, Normen, Methoden, Inhalte und Ziele des familiären Erziehungsprozesses zu untersuchen. Dies wird anhand der Paradigmen geleistet, die innerhalb des Textes eine dominante Rolle spielen: an der Erziehung von Wendla durch ihre Mutter und an der Melchiors durch seine Eltern. Diese drei Figuren der älteren Generation verkörpern durch ihre Ansichten und ihr Verhalten unterschiedliche Erziehungsstile.
In den folgenden Stunden werden die Formen schulischer Erziehung und ihre Wirkungen auf die Jugendlichen skizziert und erläutert. Auch diese Arbeitssequenz kann an eine schon andiskutierte Szene, nämlich an den Anfang von I.2 anknüpfen, durch den die hier zu untersuchende Problematik exponiert wurde. Darüber hinaus ist neben einigen kleineren Szenenausschnitten die Lehrerkonferenzszene ausführlich zu analysieren.

Die Sequenz, die die Erziehungsproblematik und deren dramaturgische Realisierung thematisiert, dient implizit auch der Darstellung der sozialen Bedingungen und des Selbstverständnisses der älteren Generation. Aus diesem Grunde bietet es sich in den folgenden Stunden, und zwar kontrastiv dazu, an, die Wünsche, Gedanken und das Verhalten der Jugendlichen, also ihren Lebensstil und ihre Beziehungen zueinander zu charakterisieren. Dabei könnte der erste Teil der Arbeitsphase stärker analytisch auf die Textvorlage ausgerichtet sein; der zweite sollte sie zu einem mehr produktionsorientierten Umgang mit dem Text motivieren.

Mit der Besprechung der Schlußszene könnte zumindest für die Mittelstufenklasse die Unterrichtseinheit abgeschlossen werden. Die Interpretation dieser Szene sollte also schon auf jeden Fall einen resümierenden Charakter haben, indem die Gesamtproblematik des Stückes noch einmal zu vergegenwärtigen ist. Nach Möglichkeit sollte diese Szene daher auch im Plenum diskutiert werden. Ausgehend von der radikal veränderten Wirklichkeitskonstitution der Szene ist deren allegorische Struktur als Vehikel der vom Autor intendierten literarischen Problemlösung zu erläutern. In diesem Kontext sind insbesondere die vom Autor wohl auch theatralisch favorisierte Rolle des vermummten Herrn und das von ihm fast zynisch vertretene Lebensprinzip zu konkretisieren.

Eine umfassende Betrachtung der Wirkungsgeschichte des Stückes sollte den Kursen der Oberstufe vorbehalten bleiben. Es ist didaktisch sinnvoll, z. B. einzelne Stationen der Aufführungsgeschichte zu rekonstruieren. Dazu müßten verschiedene Rezensionsdokumente herangezogen und ausgewertet werden (vgl. Materialienband).

2.3 Lernziele

Die Beschäftigung mit einem umfangreicheren dramatischen Text in der Sekundarstufe I hat sich an dem zentralen, allgemeinen Ziel zu orientieren, den Schülern ein umfassendes und differenziertes Inventar an Arbeitsbegriffen und Methoden zu vermitteln. Dieses Instrumentarium soll es ihnen ermöglichen, mit dramatischen Texten unterschiedlicher typologischer und historischer Provenienz ins Gespräch zu kommen und sie methodisch zu analysieren. Paradigmatisch soll dies an einem Drama der offenen Form, nämlich Wedekinds „Frühlings Erwachen", geleistet werden. Daher sind bei der Durchführung der Unterrichtseinheit im einzelnen folgende Groblernziele anzustreben: Die Schüler sollen die Fähigkeit erwerben,

- das Stück sorgfältig und kritisch zu lesen, d. h. zentrale Aussagen kenntlich zu machen, begriffliche und thematische Schwierigkeiten zu formulieren und eigene Fragestellungen ihm gegenüber zu entwickeln;
- wichtige Problemformulierungen und Mitteilungsabsichten des Dramas zu verstehen und die dabei gemachten Erfahrungen mitzuteilen;
- den durch verschiedene Situationen und Geschehnisabläufe vermittelten Handlungszusammenhang des Stückes zu erkennen;
- das Drama auf seine gesellschaftlichen Funktionen und Bedingtheiten hin kritisch zu untersuchen;
- das gesellschaftliche und pädagogische Bezugsfeld des Textes, insbesondere die Jugendprobleme am Ende des 19. Jahrhunderts (pubertäre Schwierigkeiten, Sozialisationsprobleme, schulische Leistungserwartungen etc.) zu verstehen und ihre Aufarbeitung innerhalb des Stückes zu beurteilen;

- die eigene Situation im Elternhaus und in der Schule mit den im Drama dargestellten Erziehungsverhältnissen in Beziehung zu setzen und miteinander zu vergleichen;
- den Zusammenhang zwischen individuellen Handlungen der Figuren und gesellschaftlichen Bedingungen, Normen, Zwängen, Werten etc. zu bestimmen;
- Figuren und Figurenkonstellationen zu charakterisieren;
- die dramaturgische Großform des Stükkes zu analysieren und in ihrer Funktion zu beurteilen;
- das Drama als Partitur zu lesen, die auf Inszenierungen hin angelegt ist, und wesentliche Elemente theatralischer Realisation zu bestimmen;
- szenische Bausteine und Strukturen (Monologe, Dialoge) zu analysieren;
- sprachlich-stilistische Phänomene in ihrer Bedeutung und Funktion zu erschließen und zu reflektieren;
- Textdokumente zu benutzen, auszuwerten und für die Interpretation des Dramas vorzubereiten;
- auf Texte produktiv zu reagieren, indem sie sie sprachlich verändern, erweitern und umgestalten;
- eigenständig gestaltete Texte als Partituren für die Gestaltung von Rollenspielen zu verwenden.

3. Darstellung der Einzelstunden

I. Sequenz: Hinführung zum Text

1. Stunde: Aktuelle Bezüge

Vorbemerkung

Bei der Behandlung von Literatur in der Sekundarstufe I stellt sich dem Lehrer in der Unterrichtspraxis nicht nur das Problem, angemessene jahrgangsspezifische Problemformulierungen zu finden, die die Schüler auch wirklich interessieren, sondern auch die Texte, die man letztlich ausgesucht hat, in geeigneter Weise didaktisch einzuführen. Einen Text ohne kommentierende Einführung, genauer ohne Bezugnahme auf bestimmte Rahmenbedingungen und konkrete Problemformulierungen, den Schülern einfach als „factum brutum" vorzulegen, degradiert sie zu bloßen Empfängern und führt überhaupt den hermeneutischen Umgang mit Texten ad absurdum. Zumal bei der Betrachtung von Werken, die nicht der unmittelbaren Gegenwart entstammen, ist es erforderlich, Vorbereitungen zu treffen, um mit ihnen ins Gespräch zu kommen. Die Initiierung eines solchen Gespräches, das historisches Verstehen ermöglichen soll, setzt voraus, daß sich die Schüler die Probleme, die im Text angeboten werden, noch einmal bewußt machen und sich selbst in ihnen wiedererkennen. In einem rezeptionstheoretischen Sinne gilt es daher, ihre Erwartungen und ihre Interessen in bezug auf diese Probleme unmittelbar im Unterricht zu klären. Für die Etablierung des Gesprächs bedeutet das: Die Probleme, die die Schüler aus ihrer Lebenswelt *kennen*, sollen durch das Verstehen des historischen Textes auch *erkannt* werden.

Sachanalyse

Die Probleme der Schüler sind – um es zunächst einmal allgemein zu sagen – im Spannungsfeld von individuellen Interessen und Zielen sowie gruppenspezifischen und institutionellen Ansprüchen, also im Verhältnis von Selbstverwirklichung und Sozialisation, angesiedelt. Sie rekrutieren sich für die Jugendlichen etwa aus den Handlungsbereichen der Familie, Schule und Freizeit. Besonders im schulischen und familiären Handlungsbereich ist für sie das Erziehungsproblem von besonderer Brisanz. Tag für Tag werden sie mit Normen, Regeln, aber auch Zwängen konfrontiert, Forderungen, die ihren persönlichen Spielraum einengen, die die Artikulation ihrer individuellen Bedürfnisse und Interessen zeitweise verhindern. Sie sehen sich häufig als bloße Empfänger von Mitteilungen, Aufforderungen, Verboten, ohne daß diese im Einzelfall begründet werden. In Gesprächen mit ihren Er-

ziehern fühlen sie sich oftmals nicht ernst genommen, häufig auch nicht als gleichberechtigte Gesprächspartner akzeptiert.
Dennoch dürfen diese Probleme nicht darüber hinwegtäuschen, daß zwischen den Erziehungsverhältnissen in der Wilhelminischen Zeit und den heutigen ein qualitativer Unterschied besteht. Die sozialen und politischen Verhältnisse haben sich grundlegend gewandelt. Die Ansichten über Sexualität und Moral haben sich größtenteils geändert. Das Leben in der Schule und in der Familie ist im ganzen gesehen sicherlich humaner und demokratischer geworden. Es zeichnet sich schon vorweg ab, daß die größten Differenzen zwischen dem lebensweltlichen Horizont der Schüler und dem Bedeutungshorizont des Stükkes wohl in der Erfahrung und Verarbeitung von Pubertät und Sexualität liegen. Hier müssen einfach die höhere Informiertheit der Schüler über dieses Thema und, im engen Zusammenhang damit stehend, die Freizügigkeit gegenwärtigen öffentlichen Bewußtseins berücksichtigt werden. Das zeigt sich ja nicht zuletzt darin, in welch vielfältiger Weise sich mittlerweile die diversen Medien dieses Problemkreises annehmen.
Stärkere Übereinstimmungen werden sich beim Vergleich der jeweiligen Erziehungsstile und der schulischen Erfahrungen ergeben. Bei aller Liberalisierung und Demokratisierung der Erziehungsprozesse ist nicht zu übersehen, daß sich bestimmte Erfahrungen und Auffassungen der Schüler in bezug auf die Schule nicht verändert haben. Zum Teil gehen die Überschneidungen hier, das machen einschlägige Unterrichtserfahrungen deutlich, bis ins Wörtliche. Das ist auch kaum verwunderlich, wenn man bedenkt, daß die gegenwärtigen Schüler angesichts der gespannten Verhältnisse im Ausbildungswesen und auf dem Arbeitsmarkt sowie ungünstiger beruflicher Zukunftsprognosen mit ähnlichen Zwängen und Streßsituationen konfrontiert werden wie die Jugendlichen vor 100 Jahren.

Unterrichtsverlauf

Phase 1: Vorinformationen über den Gegenstand

Um das Gespräch mit den Schülern nicht im Vakuum beginnen zu lassen, ist es erforderlich, seinen Anlaß zu begründen und ihnen damit zunächst einige Vorinformationen zur Unterrichtseinheit zu geben. Das braucht sicherlich nicht mit letzter Akribie zu geschehen. Es genügt, wenn sie ein wenig über die Fabel des Stückes, über die zeitlichen und sozialen Umstände seiner Entstehung und seinen Problemhorizont erfahren. Wenn der Lehrer nicht selbst kurz den Hintergrund und den Inhalt des Stückes, etwa in Form eines Klappentextes, skizzieren will, so kann er unter Umständen auch auf eine Selbstinterpretation des Stückes durch den Autor zurückgreifen. Geeignet hierfür sind beispielsweise die im Materialienband unter II. 1 und II. 4 ausgedruckten Texte. Sollte sich der Lehrer dafür entscheiden, selbst einen Klappentext zu erstellen, ist dieser den Schülern zu Beginn der Stunde (in hektographierter Form oder durch Tafelanschrieb) vorzustellen. Falls die Schüler Fragen zur Inhaltsangabe oder zur Selbstdeutung äußern, sind diese ruhig aufzugreifen, allerdings nicht in aller Breite zu diskutieren. Schon anhand der Fragestellungen der Schüler dürfte es möglich sein, den Erziehungsaspekt als zentrales Problem des Dramas herauszuarbeiten und vor diesem Hintergrund mit ihnen über ihre eigenen Erfahrungen, soweit sie Erziehungsprobleme berühren, zu sprechen.

Phase 2:
Erfahrungen der Schüler mit schulischer und familiärer Erziehung

a) In einem ersten Zugriff sollen die Schüler ihre Gedanken und Gefühle artikulieren, die aus ihrer Erfahrung mit schulischer Erziehung resultieren. Diese lebensweltlichen Berührungspunkte gilt es anzusprechen und zu thematisieren, Erfahrungen auszutauschen, Betroffenheiten und Frustrationen sichtbar zu machen. Dabei ist es wichtig, daß diese Aussprache nicht nur auf der kognitiven Ebene stattfindet. Diese soll spontan sein und auch dazu veranlassen, Gefühle und Stimmungen zu artikulieren. Um Offenheit und Spontaneität für das Gespräch zu gewinnen, Einstellungen, die gerade angesichts des persönlichen Eingebundenseins der Schüler in diesen Problemkreis besonders wichtig sind, empfiehlt es sich, einen kleinen Text als Motivationshilfe einzusetzen. Es handelt sich dabei um einen von einem Mädchen geschriebenen Erlebnisbericht, der dessen Einstellung zur schulischen und familiären Erziehung deutlich macht und geradezu eine Stellungnahme provoziert. Er soll aber nicht primär auf seine einzelnen Inhalte und seine Sprache hin untersucht werden, sondern lediglich katalysatorische Funktion für das Gespräch übernehmen.

Irgendwann hatte ich keinen Bock mehr auf das Ganze. Ich hab immerhin drei Nachprüfungen gemacht, einmal wär ich beinah geflogen, einmal bin ich kleben geblieben. Und 'ne Zeitlang hab ich mir gedacht, ob nun Akademiker oder nicht, scheißegal; wenn ich irgendwie was machen will, dann mach ich es halt. Aber da war dann mein blöder Vater. Der hat schon in der Sexta gespottet: „Du? Raffst du nich, mit 15 gehst du ab, dann machste irgendwie 'ne Lehre, dann heiratest du und dann is der Zauber vorbei. Von wegen deine Großkotzigkeit und deine schönen Reden, das einzige, was du kannst, ist reden, und das treiben die dir schon aus." Das hat mich immer unheimlich fertiggemacht, daß der Alte mir nie was zugetraut hat. Drum wollt ich ihm das einfach beweisen. Als mir das bewußt wurde, da hab ich zwar noch weniger Bock gehabt, aber da war ich schon zu weit drin in der Mühle und hab eben weitergemacht. Und jetzt, jetzt hab ich dieses dämliche Abi tatsächlich gekriegt; dabei wußte ich zwei Wochen vor Prüfungsbeginn noch nicht mal, ob ich überhaupt dran teilnehmen darf. Und als ich's hatte, hat der Alte gesagt: „Herzlichen Glückwunsch." Da hätt ich ihm beinahe eine reingetreten. Ich war so sauer: der ganze Mist, den ich mir da Jahre lang reingetan hab und die ganzen Repressionen und meine ganze Kaputtheit. Ich hab in einem Halbjahr so viele Punkte gemacht wie sonst in zwei Halbjahren zusammen nicht, und danach hab ich den vollen Zusammenbruch gehabt. Bin nicht mehr hingegangen oder kaum noch. Hab nur noch dagesessen und gegibbelt. Hab effektiv nichts mehr gemacht.

(Aus: Andrea und Isabell: „Manta-Frau und glücklich – glaubst du, daß das geht?" Die Schule. Die Alten. Wir selbst. In: Kursbuch 54. Berlin: Kursbuch/Rotbuch Verlag 1978, S. 58)

Es ist zu erwarten, daß die Schüler die im Text geschilderten Probleme (Schulstreß, Prüfungsdruck, Verunsicherung durch den Vater, Null-Bock-Haltung) zumindest partiell als eigene wiedererkennen. Vermutlich werden sie in ihren Stellungnahmen zum Text auch ihre konkreten Probleme schildern, die für sie aus dem Schulbesuch erwachsen, wie z. B. Leistungsdruck, Angst vor Klassenarbeiten und Prüfungen, Überdruß an Hausaufgaben, langweilige Unterrichtsinhalte, Ungerechtigkeiten, zu strenges Lehrpersonal, übertriebene Ordnungsansprüche etc. In solchen Äußerungen dürften ihre negativen Beziehungen zur Schule deutlich werden. In dieser Hinsicht ist die Schule für sie etwas Fremdes, etwas, was sie mit Zwang, Druck, Autorität und Normen verbinden. Eine solche Abwertung kann zunächst gar nicht überraschen, weil den Schülern in der gewöhnlichen Unterrichtspraxis kaum Gelegenheit eingeräumt wird, sich in dieser Breite kognitiv und affektiv zum Thema Schule zu äußern. In einer solchen Aussprache kommen unter Umständen latente Aggressionen, die sich im Laufe der Zeit angestaut haben, zum Ausdruck.
Es ist aber auch nicht auszuschließen, daß sie sich – vereinzelt und aspektbezogen – positiv zur Schule äußern. Vielleicht werden einige sogar die immer wieder von der Erwachsenenwelt reklamierte Einschätzung der Schule als Bereich, in dem man etwas, vielleicht sogar fürs Leben, lernt, teilen und positiv akzentuieren. Andere werden sicherlich auch die erfreulichen sozialen Aspekte des Schulaufenthaltes nennen, wie z. B. das Schließen von Freundschaften, ein kooperatives Arbeitsklima, das Entwickeln eines Gemeinschaftsbewußtseins.

b) Die zweite Fragestellung, bei der es um eine Beurteilung der Gespräche geht, die die Schüler mit ihren Erziehern führen, kann ganz zwanglos an die erste anknüpfen. Diese sollte von den Gesprächsteilnehmern auch gar nicht als Zäsur empfunden werden. Der einmal gefundene Gesprächsrhythmus ist auf jeden Fall beizubehalten. Für die Schüler müßte nur erkennbar bleiben, daß der Gesprächshorizont dadurch, daß auch der Aspekt der familiären Erziehung erörtert wird, einerseits eine Erweiterung erfährt, andererseits aber auch einen etwas stärkeren kognitiven Charakter erhält. Die Beurteilung der kommunikativen Bedingungen einer möglichen Verständigung zwischen ihnen und ihren Erziehern erfordert sicherlich von ihnen ein größeres Maß an Distanzierung und Objektivierung.
Man muß bei einiger realistischer Einschätzung davon ausgehen, daß die Schüler familiäre und schulische Erziehungsprozesse trennen und den allgemeinen Erziehungsanspruch der Eltern herausstellen. Damit ist nicht gesagt, daß sie den Eltern in bezug auf diese Gespräche ein absolutes Vertrauensmonopol zubilligen, gleichwohl werden sie die größere Vertraulichkeit und Intimität familiärer Kommunikation betonen. Unterschiedlich werden sie die Ergiebigkeit dieser Unterhaltungen bewerten. Dabei wird es durchaus kontrovers bleiben, ob sie sich dabei auch verstanden fühlen. Mit großer Skepsis werden sie sicherlich Gespräche mit ihren Lehrern beurteilen. Hier werden sie Hemmungen sehen. Zumindest werden sie in solchen Gesprächen die persönliche Note vermissen.

c) Die dritte Fragestellung bringt noch einmal eine Konkretisierung des Gesprächs. Die Frage danach, ob und in welcher Weise Jugendliche mit ihren Erziehern über ihre sexuellen Erfahrungen und Probleme sprechen sollten, könnte durchaus von exemplarischem Wert sein. Es ist nicht auszuschließen, daß die Schüler sich, wenn über dieses Thema gesprochen wird, ein wenig reserviert zeigen. Häufig empfinden sie dieses Thema als heikel und sträuben sich, über ihre Privatangelegenheiten in einem größeren Kreis und innerhalb des äußeren Rahmens der Schule zu sprechen. Daher sollte der Lehrer auch nicht versuchen, hier nachzufragen. Das schafft nur größere Verkrampfungen und macht auf die Schüler den Eindruck, als wolle er sie aushorchen.

Phase 3:
Bilanzierung der Gesprächsergebnisse

Nach dem Gespräch sollte zusammen mit den Schülern eine Bilanz gezogen werden. Die Ergebnisse des Gespräches sind in jedem Fall an der Tafel stichwortartig festzuhalten. Das ist deshalb notwendig, weil der Gesprächsverlauf, auch wenn er ein wenig gesteuert wird, nicht immer geradlinig und zielorientiert ist. Berücksichtigt man zudem, daß den Äußerungen der Schüler ein großes Maß an Betroffenheit und Engagement eigen ist, so muß man auch mit Redundanzen, Inkonsistenzen und Umwegen im Gespräch rechnen. Das Resümee hat deshalb die Aufgabe, noch einmal bestimmte Aspekte der Diskussion zu akzentuieren, bewußter zu machen und zu festigen. Mit solcher Rekonstruktion lebensweltlicher Erfahrungen der Schüler ist die Möglichkeit gegeben, eine Seite des historischen Deutungsprozesses, nämlich den Verstehenshorizont der Schüler, zumindest ansatzweise zu begreifen.

Hausaufgaben

Vor dem Hintergrund dieses neuen Problemhorizontes lassen sich dann auch die Hausaufgaben für die nächste Stunde formulieren. Die Schüler sollen versuchen, möglichst umfassend Informationen über Inhalte, Methoden und Ziele schulischer und familiärer Erziehung in der Vergangenheit zu gewinnen. Zu diesem Zweck ist der autobiographische Text von Stefan Zweig „Die Schule im vorigen Jahrhundert“ zu lesen. Darüber hinaus sollen sie mit Vertretern der älteren Generation, z. B. mit ihren Eltern und Großeltern, sprechen und deren Erfahrungen über schulische und familiäre Erziehung notieren und stichwortartig zusammenfassen.

2. Stunde: Der Textanfang – Expositionsprobleme

Sachanalyse

Die erste Szene von „Frühlings Erwachen“ setzt spontan mit einem privaten Gespräch zwischen Mutter und Tochter, zwischen Frau Bergmann und Wendla ein. Gesprächsanlaß ist die anscheinend belanglose Frage Wendlas, weshalb die Mutter ihr das Kleid so lang gemacht habe. Die familiäre Situation ist alltäglich, mutet fast wie ein Genrebild an; das Milieu, in dem sie spielt, ist eng und kleinbürgerlich. Das Problem, um das es hier geht, ist kaum als solches zu bezeichnen, ist offensichtlich eine Bagatelle: Auf der einen Seite steht die Mutter, die ihr Kind, weil es älter geworden ist, neu einkleiden will, auf der anderen die Tochter, die dafür kein Verständnis aufbringt und weiterhin ihr Prinzeßkleid tragen will. Entsprechend klischeehaft sind beide Figuren exponiert: Frau Bergmann geht völlig in ihrer Mutterrolle auf (das wird in den folgenden Szenen auch dadurch bestätigt, daß sie immer zusammen mit ihrer Tochter auftritt). Sie verhält sich betont fürsorglich („sie küssend“) (5), ist auf die Einhaltung von sozialen Konventionen bedacht („Du darfst doch als ausgewachsenes Mädchen nicht in Prinzeßkleidchen einhergehen.“) (5). Dabei wirkt sie insgesamt oberflächlich, fast möchte man sagen, borniert. Sie denkt wenig eigenständig. Das, was die gesellschaftlichen Normen vorschreiben, und mögen diese noch so vordergründig sein, bestimmt ihr Denken und Verhalten und soll auch für das Auftreten ihrer Tochter maßgebend sein. Äußerlich und rein formal ist die Verknüpfung ihrer Gedanken: Weil Wendla 14 Jahre alt geworden ist, muß sie ein längeres Kleid tragen, und dies allein aus dem Grunde, weil die gesellschaftliche Konvention, der Anstand, es so will. Ihr Denken und Verhalten sind unflexibel und überhaupt durch die ständige Furcht davor überlagert, daß ihr Kind erwachsen und älter wird („Kann ich dafür, daß mein Kind mit jedem Frühling wieder zwei Zoll größer ist? Ich würde dich ja gerne so behalten, Kind, wie du gerade bist.“) (5). Dieses Rollenbild der Mutter bringt sicherlich wenig Neues. Es paßt in den kleinbürgerlichen Rahmen und entspricht durchaus den Erwartungen der Zeit um 1890. In wenig abgewandelter Form gilt es vermutlich auch heute noch.

Das gleiche läßt sich auch vom Rollenbild der Tochter sagen: Sie zeigt sich keck, ein wenig trotzig, durchaus darauf bedacht, ihre eigenen Interessen durchzusetzen, ohne nach Konventionen und Normen zu fragen. Sie gibt sich in dieser Szene durchaus nicht so naiv, wie manche herkömmliche Deutung dies wahrhaben will. Sie ist forsch und unbefangen, Eigenschaften, die ihr in dieser Szene gegenüber der Mutter die größere Flexibilität sichern. Geschickt weiß sie sich auf deren Verhalten einzustellen. Ihr fast eigensinniges Beharren auf ihrem Standpunkt zu Beginn gibt sie später abrupt auf und versucht, durch einschmeichelndes Bitten zu ihrem Ziel zu gelangen. Das ist sicherlich nicht strategisch-berechnend zu verstehen. Im Gegenteil, es ist ein Zeichen für die Sprunghaftigkeit und Uneinheitlichkeit ihres Denkens und Verhaltens. Ihr Denken ist assoziativ und noch stark Stimmungen unterworfen, ein Befund, der durchaus vereinbar ist mit den entwicklungspsychologischen Gegebenheiten ihres Alters. Frohsinn und Lebensfreude schlagen hier noch unvermittelt um in Melancholie und Todesahnung; Trotz weicht kindlicher Ergebenheit („Ist es sündhaft, Mutter, über derlei zu sinnen?“) (5). Diese Figur ist noch nicht festgefügt, besitzt noch nicht die Konturen einer entwickelten, gereiften Persönlichkeit.

Fazit? Gesprächsrollen und Gesprächsinhalt in dieser Szene provozieren fast schon in ihrer Eintönigkeit und Alltäglichkeit, für den zeitgenössischen Rezipienten wahrhaft ein harter Prüfstein, der die Exposition zu einer Tragödie, zumindest die Andeutung des großen Konfliktes erwartet. Dennoch, bei aller Einsilbigkeit besitzt die Szene Tiefe, sicherlich nicht in dem, was gesagt wird, sondern in dem, was sie verschweigt. Der Skandal steckt in der Unterlassung: Das eigentliche Problem wird nicht formuliert. Demzufolge kann es auch kein Gespräch über die besondere Situation Wendlas geben. Die familiäre Realität ist porös und rissig; unter ihrer Oberfläche knirscht es. Beide Figuren reden aneinander vorbei; bewegen sich auf unterschiedlichen Gesprächsebenen: Wendla geht es nur um das zu lange Kleid, ihrer Mutter darum, dem für sie heiklen Thema der Pubertät dadurch auszuweichen, daß sie es durch Konventionen zudeckt. Nur in einem Fall scheint dies nicht mehr zu gelingen, nämlich in dem Augenblick, in dem Wendla Todesahnungen äußert. Dort indes, wo die ohnehin geringe sprachliche Kommunikation vollends zu scheitern droht, muß die Geste die gestörten Verhältnisse wieder scheinhaft ordnen: Der Kuß der Mutter ist nicht primär Ausdruck ihrer Zärtlichkeit, sondern Reflex ihrer Unfähigkeit, sich den Problemen zu stellen. Konsequenz dieses Unvermögens ist letztlich ihr Zugeständnis an Wendla, das Prinzeßkleidchen für eine gewisse Zeit weiter tragen zu dürfen. Mit dem „Bußgewand" im Schrank verschwindet vorerst auch das Problem.

Genauso unvermittelt wie die erste Szene endet, hebt die zweite an. Beide Szenen stehen in keinem logischen, dramaturgisch motivierten Zusammenhang. Der Verfasser scheint hier nochmals neu anfangen zu wollen. Der private Handlungsstrang, das persönliche Gespräch, wird gekappt, statt dessen beginnt das Gruppengespräch, der Kollektivstrang, der später wiederum durch den Privatstrang abgelöst wird – ein Wechsel, der sich im Stück häufiger beobachten läßt. Beide Szenen unterscheiden sich durch das zahlenmäßige Aufgebot der Figuren, in der Raumgestaltung und in der Gesprächsführung. Fand das erste Gespräch, seinem privaten Charakter durchaus angemessen, im Wohnzimmer statt, so ist das Schülergespräch im Freien zu lokalisieren. Nur in einer Hinsicht gleichen sich beide Szenen: in ihrer Alltäglichkeit. Nur geht es hier nicht um ein privates Problem, sondern um ein öffentliches. Die Schüler, des Spielens überdrüssig, klagen über die Last der Hausaufgaben, die sie noch zu bewältigen haben – unzweifelhaft eine Konstellation und ein Thema mit aktuellen Bezügen. (Vgl. zur weiteren Interpretation die Sachanalyse zur 10. Stunde.)

Unterrichtsverlauf

Phase 1: Erziehung am Ende des 19. Jahrhunderts

Die Schüler tauschen zunächst die Informationen aus, die sie aus der Lektüre des Textes von St. Zweig gewonnen haben. Dabei müßten die Hauptzüge der Kritik des Autors am Schulsystem des 19. Jahrhunderts deutlich werden. Insbesondere sind von ihnen die Wirkungen darzulegen, die der geistlose Schulbetrieb beim jungen Zweig auslöst: Überdruß, Langeweile, Frustrationen angesichts von Arbeitsüberlastung und mechanischen Lernprozeduren.

Danach diskutieren die Schüler die Ergebnisse ihrer Befragungen. Es ist zu erwarten, daß sie die kritischen Ausführungen Zweigs bestätigen. Gegenüber gegenwärtiger schulischer Erziehung werden sie auf die größere Strenge, stärkere Auslese, härtere Bestrafung (Prügel), rigidere Ordnung in früheren Erziehungsprozessen verweisen. Dennoch wird sich zeigen, daß sich z. B. das Bild des Lehrers aus ihrer Perspektive kaum gewandelt hat.

Um die Bindung zum Stück, besonders zur 1. Szene herzustellen, ist es erforderlich, daß die Schüler kurz beschreiben, wie sich die Älteren zum Thema Sexualität/Aufklärung äußerten. Die Differenzen zu gegenwärtigen Auffassungen von Sexualität/Aufklärung, die vermutlich herausgearbeitet werden, ermöglichen dann fast zwanglos den Einstieg in die gemeinsame Lektüre des Stückes.

Phase 2: Gemeinsames Lesen von I. 1

Unter dem etwas verengten Blickwinkel, Informationen über Erziehungsprobleme um 1890, also aus der Wilhelminischen Zeit, zu bekommen, ist die Lektüre zu

beginnen. Erst zu diesem Zeitpunkt sollten auch die Textvorlagen in der Klasse verteilt werden. Zunächst ist die 1. Szene des 1. Aktes gemeinsam mit verteilten Rollen zu lesen. Das bietet den Vorteil, daß das Stück nicht als reines Lesedrama individuell im Lektüreprozeß rezipiert wird, sondern daß schon im dialogischen Mit- und Gegeneinander einige, wenn auch reduzierte szenische Qualitäten verwirklicht werden. Dabei ist es nicht erforderlich, daß die Rollen von Frau Bergmann und Tochter Wendla überhaupt durch weibliche Personen besetzt werden. Im Gegenteil, der zugleich verfremdende und belustigende Charakter einer gemischten oder männlichen Besetzung der Rollen kann durchaus neue Erkenntnisprozesse freisetzen und Einsichten vermitteln, die bei konventioneller Besetzung nicht möglich erscheinen. Es empfiehlt sich, das gemeinsame Lesen, sozusagen auf einem höheren szenischen Niveau, also unter Verwendung weiterer Codes (mimisch, gestisch), mit anderen Schülern zu wiederholen.
Danach sollen sich die Schüler zunächst spontan zum Vortrag dieser ersten Szene äußern. Aller Voraussicht nach werden sie die hier dargestellte Situation mit ähnlichen Begebenheiten aus ihrer Lebenswelt vergleichen, Unterschiede herausarbeiten, Analogien ziehen, Zeitgemäßes und Unzeitgemäßes kennzeichnen. In diesem Zusammenhang sind sicherlich auch Verständnisfragen zu einzelnen Worten zu erwarten, die innerhalb des Dialogs von den beiden Figuren gebraucht werden, wie z.B. Prinzeßkleidchen, Nachtschlumpe, Litze, Volants, Diphtheritis. Hier sind die Mitschüler oder auch der Lehrer gefordert, Hilfestellungen semantischer Art zu geben.
Unter Umständen werden einzelne Schüler mit ähnlichem Befremden wie Frau Bergmann auf die Aussage Wendlas reagieren, daß sie bald nicht mehr sein werde. Da sie den Text noch nicht kennen, werden sie vermutlich diesen Satz auch nicht als Vorausdeutung sehen. Nicht auszuschließen ist allerdings, daß sie hier eine Verbindung zum Untertitel des Stückes bemerken.

Phase 3:
Rolleninterpretation und situativer Kontext

Im fragend-entwickelnden Verfahren sind in erster Linie die inhaltlichen Aspekte der Szene zu untersuchen. Dazu zählen eine Konkretisierung der beiden hier vorgestellten Rollen und des situativen Kontextes, in dem sie sich entfalten und aufeinander Bezug nehmen.
Es bietet sich an, zunächst die Schüler bzw. Schülerinnen, denen die Rolle des Vortragens zufiel, nach ihren momentanen Eindrücken und Erfahrungen im Umgang mit der jeweiligen Rolle zu befragen. In diese Unterredung sollte Schritt für Schritt auch das Plenum einbezogen werden, um die produktionsästhetischen Erwägungen zur Konkretisierung der Rollen durch rezeptionstheoretische Betrachtungen zu ergänzen. Zur Veranschaulichung der Rollenbilder könnte schon an dieser Stelle eine Merkmalsmatrix an der Tafel entwickelt werden, die Haltungen und Verhaltensweisen der beteiligten Figuren begrifflich auf den Nenner bringt. Auf dieser Grundlage ist ein Profil der gesamten Gesprächssituation zu erstellen. Dabei sollen deren alltäglicher Charakter (Gespräch über die künftige Kleidung Wendlas), zeitlicher Bezugspunkt (Geburtstagsfeier Wendlas) und kleinbürgerlicher Zuschnitt (Wohnzimmer) herausgearbeitet werden. Besonders der von Frau Bergmann so schematisch und starr gesehene Zusammenhang zwischen den beiden ersten Kriterien dürfte für die Schüler den Anstoß bilden, resümeeartig nochmals auf historische Diffe-

renzen zwischen ihren und den im Text vermittelten Erfahrungen einzugehen und diese kritisch zu beleuchten.

Phase 4:
Gemeinsames Lesen von I. 2

Falls genügend Zeit dazu verbleibt, ist auch die zweite Szene des Stückes wieder mit verteilten Rollen anzulesen. Als Zäsur für das gemeinsame Lesen ist die Stelle zu nehmen, an der Melchior fast ein wenig abrupt, nachdem er vorher mit Moritz und seinen anderen Klassenkameraden über die Schule gesprochen hat, den Themawechsel („Reden wir von etwas anderem. –") (7) fordert.
Das gemeinsame Lesen dieses Szenenausschnittes wird die Schüler auch hier motivieren, sich spontan zu ihm zu äußern. Ohne daß es eines Lehrerimpulses bedarf, werden sie ihn vor dem Hintergrund ihrer eigenen Erfahrungen beurteilen. Vermutlich werden sie bei einer vergleichenden Betrachtung ein größeres Maß an Ähnlichkeiten entdecken als bei der Gegenüberstellung der familiären Erziehungssituationen.

Hausaufgaben

Die aus der ersten Begegnung mit dem Stück resultierende Neugierde der Schüler, mehr über dessen Handlung, über die Erziehung und das Leben der Jugendlichen zu erfahren, sollte in diesem Zusammenhang als didaktischer Impuls vom Lehrer verstanden werden, den Schülern nun die häusliche Lektüre des Dramas aufzugeben. Für dessen Lektüre ist ein angemessener Zeitraum (etwa eine Woche) anzusetzen.

3. Stunde: Titel, Titelbild und Personenverzeichnis

Sachanalyse

Seit den literaturtheoretischen Untersuchungen von Roman Ingarden ist es in der Dramentheorie üblich, zwischen Haupt- und Nebentext begrifflich zu differenzieren. An unserer Textvorlage lassen sich typographisch zwei Textbereiche deutlich voneinander unterscheiden: einerseits die Reden der Figuren, ihre Monologe und Dialoge, andererseits Informationskomplexe und Instruktionen, die auf der Bühne nicht gesprochen werden. Die erste Textschicht bezeichnet Ingarden als Haupttext, die zweite als Nebentext. Zum Nebentext zählen nicht nur die Bühnenanweisungen, die Akt- und Szenenmarkierungen, sondern auch der Dramentitel, das Personenverzeichnis und die Widmung. Hinzu kommt eventuell, wenngleich in anderer semiotischer Form, ein Titelbild oder Illustrationen zum Text. Die Dramenanalyse darf solche Faktoren des Nebentextes nicht unberücksichtigt lassen, zumal sie bei der Rezeption bzw. der Inszenierung des Dramas eine zentrale Rolle spielen. Insbesondere der Titel und das Personenverzeichnis erfüllen hier wichtige hermeneutische Funktionen für den Rezipienten. So weckt der Titel Erwartungen, klassifiziert den Text, ruft poetologische Konventionen ab, knüpft an stoffliche oder literarhistorische Traditionen an oder weicht von ihnen ab. In diesem Sinne motiviert und lenkt er die Rezeption. Eine ähnliche rezeptionstheoretische Bedeutung besitzt das Personenverzeichnis; es exponiert Figuren, indem es häufig deren Herkunft, Rang oder Funktion nennt, und vermittelt dem Leser/Zuschauer Hintergrundinformationen über

Raum, Zeit und Geschehen. Für die Analyse des Dramas ergibt sich die Aufgabe zu untersuchen, inwieweit der durch die Vorinformationen aufgebaute Erwartungshorizont vom Text eingelöst oder von ihm konterkariert wird.
Hierin liegt auch das Hauptproblem bei der Interpretation des Titels/Untertitels des Stückes von Wedekind. Der Obertitel „Frühlings Erwachen" weckt Assoziationen an aufkeimende Liebe, aufblühende Natur oder ganz allgemein: hoffnungsfroh erwachendes Leben. Er ist kaum dramatisch, eher lyrisch; er annonciert keine Haltung, keine Situation, kein Problem; er allein ist schon Stimmungsbild. Diese Konnotationen sind durchaus vereinbar mit dem Titelblatt, das Wedekind der Ausgabe von 1891 beigefügt hat (vgl. Materialien, 4). Es stammt von dem Maler und Bronzeplastiker Franz Stark und zeigt eine helle Frühlingslandschaft in stilisierter Form – Bäume, die erst Knospen tragen, Schwalben und Wiesen mit aufblühenden Blumen, begrenzt im Hintergrund durch eine flache Hügelkette. Wedekind hat dieses Bild dem Maler selbst in Auftrag gegeben und auch wohl den Plan zu seiner Gestaltung entwickelt. Titel und Illustration fügen sich so fast zum Sinnbild, zum Emblem; der Titel fungiert als Überschrift (inscriptio) für das Bild (pictura).
Grell kontrastieren Titel/Titelbild und Untertitel (vgl. auch die unterschiedliche Typographie). In das lyrische Stimmungsbild bricht unversehens das Dramatische ein und bricht es auf. Erstmals taucht hier der Begriff des Menschen auf, der ja selbst im Frühlingsbild ausgespart war. Er, der eigentliche Träger der Dramatik, tritt an dieser Stelle allerdings in einer besonderen, jedenfalls für die Zeit der Entstehung des Stückes untypischen Form auf. Gegenstand des Dramas ist nicht der erwachsene, vielleicht gereifte Held, der handelt und leidet, sondern ein Kollektiv, die Kinder, die erst im Begriff sind, Handlungs- und Entscheidungskompetenz zu erlernen. „Die Hauptpersonen in ‚Frühlings Erwachen' sind Kinder in einer besonders fragilen Phase ihrer Entwicklung. Es sind unfertige, in hohem Maße unbestimmte, unentschiedene Menschen. Ihre personelle Einmaligkeit ist nicht profiliert." (Klotz, 138). Der Untertitel zeigt sie als Objekt, als Leidende, eben nicht, wie es Obertitel und Bild vielleicht suggerieren, in unschuldsvoller naturhafter Entwicklung, sondern in einem Prozeß, der bedroht ist, der vielleicht tödlich enden wird. Steckt in dem Unfertigsein der Kinder, so fragt man sich, auch ihre Tragik? Die poetologische Ausweisung des Stückes als Tragödie zerschlägt das idyllische Naturbild und läßt es allenfalls noch als ironisch eingefärbte Metapher begreifen. Insofern ist das Verhältnis der Titelteile schon weitaus radikaler gefaßt als eine Eintragung Wedekinds aus den Notizbüchern seiner Münchner Zeit (1891). Hier hält er fest: „. . . die männlichen sowohl wie die weiblichen stehen sämtlich im Alter von beiläufig vierzehn Jahren. Der schmächtige Halm ist emporgeschossen, die schwere saftstrotzende Knospe droht ihn zu knicken, die Blätter haben sich noch nicht entfaltet, aber der Kelch steht geöffnet und gestattet . . .". (Wagener, 97) Gefährdung und Bedrohung sind hier noch ganz immanent-naturhaft gegeben, lassen noch nichts von tödlichen sozialen Zug- und Erosionskräften ahnen. Gleichwohl stellt sich beim Vergleich von Titel und Text die Frage, ob nicht schon auch die Gattungsbestimmung im Untertitel vom Autor ironisch gemeint ist. Daß das Stück im Sinne herkömmlicher Tragödientheorien dem Publikum Mitleid und Schrecken einflößt, kann man wohl nicht behaupten. Selbst wenn hin und wieder ein ernster, vielleicht sogar tragischer

Grundton anklingt, wirkt doch die überwiegende Zahl der Szenen eher komisch. Solche Wirkung liegt auch durchaus in der Absicht des Autors. „Ich wurde hier in Berlin", so schreibt er an den Münchener Schauspieler Fritz Basil, „erst zur 10. Probe zugelassen und fand da eine leibhaftige wirkliche Tragödie mit den höchsten dramatischen Tönen vor, in der der Humor gänzlich fehlte. Ich that dann mein möglichstes, um den Humor zur Geltung zu bringen, ganz besonders in der Figur der Wendla, in allen Scenen mit ihrer Mutter, auch in der letzten, das Intellektuelle, das Spielerische zu heben und das Leidenschaftliche zu dämpfen, auch in der Schlußscene auf dem Kirchhof. Ich glaube, daß das Stück um so ergreifender wirkt, je harmloser, je sonniger, je lachender es gespielt wird." (vgl. Materialien, 18f.). Vielleicht wäre es daher angebracht, das Stück aufgrund der unterschiedlichen, häufig miteinander kontrastierenden Stilhaltungen – wider die anfängliche Bezeichnung des Autors – als Tragikomödie zu charakterisieren.

Insgesamt betrachtet provoziert Wedekind wohl mit diesem Titelangebot fraglos den Erwartungshorizont des Lesers um 1890. Kindheit galt vor 1890 kaum als bühnenfähiges Thema; in den bürgerlichen Familiendramen des 18. und 19. Jahrhunderts waren Kinder und Jugendliche allenfalls Randfiguren. Neu am Titel und Text ist daher nicht die Tatsache, daß ein Kollektiv zum Gegenstand des Dramas gemacht wurde. Das gab es auch schon vor Wedekind in Form von Komödien und Ständesatiren (Lessing: „Die Juden"; J. M. R. Lenz: „Soldaten"). Die Innovation besteht darin, daß *Kinder* im Zentrum des dramatischen Geschehens stehen. Wedekind entwickelt ein neues Paradigma der dramatischen Literatur: das Kinderstück. Allerdings ist die Entstehung dieses Paradigmas durchaus im kulturellen Kontext der Zeit verwurzelt. Nach 1890 mehrt sich das Interesse an Kindheit und Jugend in der Literatur, Kunst (Jugendstil) und auch in der Pädagogik (Reformbewegungen). Etwa zwei Jahre nach Publikation von „Frühlings Erwachen" wurde Max Halbes Pubertätsdrama „Jugend", zumindest in der Thematik verwandt mit Wedekinds Stück, in Berlin uraufgeführt.

Gezielte Hinweise auf das Stück lassen sich auch dem Inhalt und der Anlage des Personenverzeichnisses entnehmen. Dieses fehlt allerdings in der Ausgabe von 1891. Auffällig sind zunächst Umfang und Art des Registers. Dieses läßt vielfältige Personenkonstellationen, Episoden sowie wechselnde Handlungen erwarten. Auf seiten des Rezipienten erfordert dies ein erhöhtes Maß an Aufmerksamkeit und Flexibilität sowie beachtliche Gedächtnisleistungen. Was schon der Titel des Dramas nahelegt, nämlich das Fehlen dominanter Figuren, zeigt sich schon bei oberflächlicher Betrachtung des Verzeichnisses. Es läßt sich hier weder eine Gruppe von Protagonisten noch eine Beziehung Protagonist-Antagonist erkennen. Selbst für ein Gegenüber von Kinder- und Erwachsenenwelt bietet die Übersicht, wie sich vielleicht aufgrund der Kollektivbezeichnung des Untertitels vermuten ließe, keinen Anhaltspunkt. Die Jugendlichen bilden innerhalb des Verzeichnisses keine kompakte Gruppe, die sich von der der Erwachsenen abhebt. Auch eine hierarchische Gliederung, etwa nach sozialen Gesichtspunkten, wie sie im wesentlichen für das Drama des 17. und 18. Jahrhunderts bezeichnend ist, kann man nicht feststellen. Gesellschaftliche Unterschiede sind offensichtlich eingeebnet. Lediglich finden sich auktoriale Hinweise auf familiäre Beziehungen – drei familiäre Gruppierungen lassen sich herauskristallisieren – sowie auf Standes- und Berufsverhältnisse (Schüler, Gymnasialprofesso-

ren, Pedell, Pastor, Medizinalrat). Die Figuren stellen also durchaus ein differenziertes Abbild der bürgerlichen Verhältnisse dar, wie sie etwa für eine Klein- oder Provinzstadt in der Wilhelminischen Zeit charakteristisch waren.
Erste wichtige interpretatorische Einsichten vermittelt die Namensgebung der Figuren. Von einer Gruppe von Eigennamen läßt sich eine Anzahl an Namen absetzen, die sprechend sind. Solche Typisierung besitzt hier deutliche satirische Funktionen. Dies gilt insbesondere für die Gruppe der Gymnasialprofessoren, wie z. B. Knüppeldick, Sonnenstich, Zungenschlag, aber auch für den Pastor Kahlbauch und den Medizinalrat Dr. von Brausepulver. Ohne Eigennamen bzw. sprechende Namen ist lediglich, sehen wir einmal von dem Schlossermeister ab, der vermummte Herr; mit seiner Nennung endet das Verzeichnis. Der bestimmte Artikel und die Widmung signalisieren seine exponierte Position und Funktion innerhalb des Stückes. Die besondere Bedeutung, die er für den Autor besitzt, wird auch noch dadurch unterstrichen, daß Wedekind diese Rolle bei der Uraufführung des Stückes in Berlin 1906 selbst gespielt hat. Die Vermummung nimmt der Gestalt die Individualität, aber auch die Typisierung. Die Rolle ist Projektion des Autors, sein fiktiver Bezugspunkt, eine Art auktoriale Konstruktionsfigur, mit deren Hilfe er, so läßt sich allgemein über das Personenverzeichnis hinausgehend sagen, den Handlungsverlauf am Ende des Dramas entsprechend seinen Absichten steuert. Nimmt man die Äußerung Wedekinds aus dem Jahre 1911 hinzu (vgl. Materialien, 20 f.), so erkennt man die allegorische Bedeutung dieser Figur.

Unterrichtsverlauf

Phase 1: Haupt- und Nebentext als konstitutive Textschichten des Dramas

Um den kommenden Arbeitsphasen noch schärfere begriffliche Konturen zu verleihen, ist es vorteilhaft, an dieser Stelle zwei Arbeitsbegriffe einzuführen, deren Unterscheidung für die Dramenrezeption grundlegend ist: die Differenzierung des Dramentextes in Haupt- und Nebentext. Dazu sollte der Lehrer einzelne erläuternde Hinweise geben. Dabei sollte er deutlich machen, daß all das, was im Text von den Figuren gesprochen wird, zum Haupttext und alles, was nicht Figurenrede ist, zum Nebentext zählt.

Phase 2: Elemente des Nebentextes

Da in dieser Stunde Elemente des Nebentextes untersucht werden sollen, sind diese zunächst im fragend-entwickelnden Verfahren zu ermitteln und allgemein auf ihre Funktion innerhalb des Rezeptionsprozesses zu überprüfen. Durch Tafelanschrieb sind verschiedene Elemente des Nebentextes, wie z. B. Titel, Untertitel, Personenverzeichnis, Regieanweisungen etc. festzuhalten. Dabei kann nochmals unterschieden werden zwischen Elementen des Nebentextes, die dem Haupttext als Informationsangebot vorangestellt werden, und solchen, die innerhalb des Haupttextes auftauchen. In diesem Zusammenhang sollten die Schüler erkennen, daß der Autor mit Hilfe der dem Text vorgeschalteten Elemente die Rezeption lenkt: Er gibt dem Rezipienten erste Hintergrundinformationen über Personen und Handlung, weckt in ihm Erwartungen, macht auf Probleme aufmerksam, ordnet das Stück in diverse ästhetische oder poetologische Zusammenhänge ein. Diese unterschiedlichen Funktionen sind exemplarisch an Buch- bzw. Filmtiteln zu veranschaulichen. Daß die Texte nicht immer das halten, was die Titel versprechen, ja, daß beide manchmal in einem Spannungsverhältnis zueinander stehen, könnte durchaus als ein Ergebnis am Ende der Arbeitsphase festgehalten werden.

Phase 3:
Kommunikative Funktionen des Nebentextes

Diese allgemeinen rezeptionstheoretischen Überlegungen sind zu konkretisieren. Zu untersuchen sind die kommunikativen Dispositionen, die dem Stück als erwartungsbildende und einstellungssteuernde Informationsangebote vorangestellt sind: sein Titel, Untertitel, Titelbild, Personenverzeichnis und zuletzt seine Widmung. Analog zu den pragmatischen Funktionen dieser vom Autor bewußt plazierten Vorinformationen sollen die Schüler die Erwartungen und Eindrücke skizzieren, die sie mit ihnen verbinden. Dabei sind die Aufgaben arbeitsteilig an zwei Gruppen zu delegieren. Die erste Gruppe soll ihren Erwartungshorizont in bezug auf Titel, Untertitel und Titelbild (vgl. Materialien, 4) kennzeichnen, die zweite die erwartungsbildende Funktion des Personenverzeichnisses bestimmen, indem sie die Namen deutet und gruppiert sowie ihr Vorverständnis der Rolle des vermummten Herrn darlegt.

Phase 4:
Titel, Untertitel, Titelbild – Personenverzeichnis, Widmung

Zu Beginn stellen die Schüler die Ergebnisse der Gruppenarbeiten vor.
a) Zunächst soll ein Schüler der ersten Gruppe über die durch Titel, Untertitel und Titelbild geweckten Erwartungen referieren. Dabei sollte einerseits das emblematische Verhältnis von Titel und Titelbild (die im Bild dargestellte Frühlingslandschaft veranschaulicht in stilisierter Form den noch recht abstrakten Titel), andererseits die spannungshafte Beziehung von Titel und Untertitel, der Kontrast von Leben und Tod, der durchaus vorausdeutenden Charakter hat, deutlich werden.
Sollten diese unterschiedlichen Relationen im ersten Bericht nicht zum Ausdruck kommen, sind die anderen Gruppenmitglieder aufzufordern, eventuell Ergänzungen bzw. Korrekturen vorzunehmen. Der Lehrer kann dabei durchaus Hilfestellungen geben, indem er die verschiedenen begrifflichen Äquivalenzen (Frühling – Erwachen – Kinder) und Oppositionen der Titelwörter (Frühlings Erwachen – Tragödie) durch ein Tafelbild festhält. Falls die Schüler in diesem Zusammenhang Erläuterungen zum poetologischen Begriff der Kindertragödie wünschen, so ist dieser historisch zu konturieren. Zu verweisen ist darauf, daß Wedekind in einer Zeit, in der Kindheit und Schule kaum als bühnenfähige Themen galten, einer der Initiatoren der neuen Gattung des Kinder- und Jugenddramas wurde.

b) Im Anschluß daran stellt die zweite Gruppe ihre Arbeitsresultate vor. Vermutlich wird sie das Personenverzeichnis nach unterschiedlichen stratifikatorischen Kriterien gliedern. Diese Gliederung kann anhand des Alters, des Geschlechtes, der Familie, des Berufes erfolgen. Sie kann aber auch durch Gegenüberstellung von Eigennamen und sprechenden Namen Profil erhalten. In diesem Kontext müßte auch eine erste Charakterisierung der Rolle geleistet werden, die weder einen Namen hat noch einen Typus repräsentiert, deren Kennzeichen gerade darin besteht, daß sie sich individueller Konkretisierung und typologischer Zuordnung durch Vermummung, durch Anonymität entzieht. Es ist unwahrscheinlich, daß die Schüler, da sie den Text vermutlich noch nicht vollständig gelesen haben, die Rolle des vermummten Herrn als allegorische Figur, die für das Leben steht, identifizieren. Dagegen ist es wahrscheinlich, daß sie aufgrund der Widmung erkennen, daß der Verfasser dieser Rolle eine besondere Beachtung geschenkt hat.

Phase 5:
Textvorlage – Bühneninszenierung

Anknüpfend an die begriffliche Differenzierung von Haupt- und Nebentext ist zum Schluß der Stunde eine weitere Abgrenzung im fragend-entwickelnden Verfahren zu erarbeiten. Es geht hier um die Unterscheidung von Textvorlage und Bühneninszenierung. Am besten geht man von der Funktion des Nebentextes *innerhalb* des Dramas aus. In diesem findet der Leser u. a. Informationen, wie der Text zu inszenieren und zu spielen ist (Handlungsabschnitte, Schauplatz, Gestik, Mimik, Kostümierung, Choreographie etc.). Es ist deutlich zu machen, daß solche Hinweise und Instruktionen häufig der Bestimmung des situativen Kontextes dienen, in den die Reden bzw. Gespräche der Figuren integriert sind. Mit solchen abschließenden Überlegungen zu den kommentierenden und illustrierenden Funktionen des Nebentextes kann der Verlauf der nächsten Stunde ein wenig vorstrukturiert werden. Sie können überleiten zu einer präziseren Bestimmung der Elemente, die an der Gestaltung des Bühnentextes mitwirken.

Hausaufgaben

Da die Schüler weiterhin zu Hause mit der Gesamtlektüre beschäftigt sind, ist der Umfang der Hausaufgaben gering zu halten, um sie arbeitsmäßig nicht zu überlasten. Im Zusammenhang mit den Überlegungen in der letzten Arbeitsphase sind sie aufzufordern, Elemente einer Theateraufführung in Stichworten zu notieren.

4. Stunde: Das Drama als Theaterstück – Zensurzwänge und Inszenierungspraxis

Sachanalyse

Dramatische Werke sind in der Regel plurimediale Texte. Es sind Werke, die normalerweise auf eine Aufführung hin konzipiert sind. In dieser Hinsicht sind sie nichts anderes als Partituren. Zu ihrer Inszenierung bedarf es im Unterschied zu rein literarischen Werken nicht nur sprachlicher, sondern auch außersprachlicher Medien, z. B. gestischer, mimischer und optischer Codierungen. Insofern besitzt der inszenierte Bühnentext gegenüber dem literarischen Textsubstrat einen Überschuß an Informationen. Reine Lesedramen sind zwar theoretisch möglich, entsprechen aber nicht dem Wesen und den Möglichkeiten der Gattung. Manchmal werden Dramen aus dem Grunde nicht aufgeführt, weil ihr Autor bestehenden Theaterverhältnissen kritisch gegenübersteht, weil deren Realisierung nicht lösbare technische Schwierigkeiten mit sich bringt oder weil sie einfach bestimmten ästhetischen Standards nicht genügen.

Von der Herstellung der Partitur bis zur Inszenierung des Bühnenstückes, das wahrgenommen wird, spielen sich vielfältige Produktions- und Rezeptionsprozesse ab. Deren Träger sind Autor, Regisseur, Schauspieler und das Publikum. In arbeitsteiliger Form sind sie an der Entstehung des Bühnenstückes beteiligt und tragen zu dessen Gelingen bei. Der Regisseur setzt den Text durch Bühnenbilder, Requisiten, Beleuchtung in Szene und greift unter Umständen durch Kürzungen und Umstellungen in den Dialogtext ein. Dieser wird vom Schauspieler wiederum durch die Art seines Sprechens, durch Mienenspiel, Gebärdensprache, Kostümierung und Maskenbild interpretiert. Insofern ist jede vom Publikum rezipierte Aufführung einmalig, subjektiv und als solche nicht wiederholbar. Konstitutiv bleibt die ästhetische Differenz zwischen Textvorlage und Bühnenspiel.

Daß allerdings der Publikation der dramatischen Textvorlage nicht automatisch die Inszenierung folgt, ja, daß die theatralische Umsetzung der Textpartitur sich äußerst schwierig gestalten kann, belegen die Entstehungs- und Wirkungsgeschichte von Wedekinds Stück. Entstanden zwischen 1890 und 1891, konnte es erst 15 Jahre später in Berlin, und zwar 1906 unter der Regie von Max Reinhardt, uraufgeführt werden. Zwei Faktoren verhinderten eine frühere Inszenierung des Stückes: die Zensur und die damals gängige Theaterpraxis. Aufgrund der einschneidenden Zensurbestimmungen war an eine Aufführung des Stückes in den 90er Jahren kaum zu denken. Selbst bei seiner Uraufführung mußte der Autor noch erhebliche Kürzungen am Text in Kauf nehmen. Die Zensurbehörden in Berlin insistierten auf zahlreichen Streichungen. So entfielen die Szenen in der Korrektionsanstalt (III.4) und im Weinberg (III.6). Da auch der Monolog von Hänschen Rilow (II.3) beträchtlich gekürzt werden sollte, verzichteten Wedekind und Reinhardt ganz auf dessen Inszenierung. In der Folgezeit gab es immer wieder Beanstandungen, Streichungen, sogar Verbote. Erst 1912 gab das Berliner Oberverwaltungsgericht, nachdem das Drama 1910 in Königsberg erneut verboten worden war, dieses wieder frei (vgl. Materialien, 21f.). Diese Entscheidung veranlaßte Wedekind dazu, die Textvorlage der Berliner Bühnenbearbeitung in Druck zu geben.

Der große zeitliche Abstand zwischen dem Erscheinen des Stückes als Buch und seiner Inszenierung erklärt sich auch aus den Theaterbedingungen am Ende des 19. Jahrhunderts. Um 1890 beherrschten die naturalistische Literatur, deren Vertreter Wedekind teilweise persönlich kannte, und der naturalistische Inszenierungsstil die Bühnen der großen Theater. Schon frühzeitig distanziert sich der junge Wedekind von dieser Bewegung. Nicht zuletzt Anlage und Intention von „Frühlings Erwachen“ sperren sich denn auch gegen ein Theater der Illusion und Einfühlung. Gefordert waren hier nicht mehr die stimmige, akribische Umsetzung der Textvorlage, eine motivierte Handlungskonzeption, sondern der Kontrast, der Bruch, das jähe Umschlagen vom lyrischen Stimmungsbild in die Groteske, vom Pathos in die Ironie, vom Realismus ins Allegorische. Für diese Ästhetik, die ihren Ansatzpunkt in der Welt des Zirkus' und Kabaretts besitzt, war die naturalistische Inszenierungspraxis zu eng und nicht elastisch genug. Erst als der neue Improvisationsstil Max Reinhardts den naturalistischen Stil der Theaterpäpste Otto Brahm und Max Schlenther ablöste, war der Weg für Wedekinds Stück frei.

Der rasche Szenen- und Ortswechsel innerhalb des Stückes machte eine naturalistische Bühnenkonzeption nahezu unmöglich, zumal die Technik der Drehbühne erst am Ende des Jahrhunderts voll entwickelt und dann auch nur sehr sporadisch genutzt wurde. Die erste Szene des ersten Aktes ist also bühnentechnisch so einzurichten, daß durch eine reduzierte Verwendung von Requisiten und durch entsprechendes Spiel der Schauspieler der von Wedekind intendierte Spielraum imaginiert wird. Requisiten und Bühnenbilder sollen nicht mehr mit der alltäglichen Welt wetteifern, sondern sollen andeuten und bedeuten. Noch an den Dingen und an ihrer Verwendung muß dem Zuschauer klar werden, daß der Dialog gestört ist, daß in ihm nicht das zur Sprache kommt, was die Situation erfordert. Entscheidend ist nicht die reale Präsenz der Dinge auf der Bühne, diese können auch pantomimisch erzeugt werden, sondern allein die Tatsache, daß sie benutzt werden, um das eigentliche Problem – wie etwa bei Frau Bergmann – zuzudecken, um ihm auszuweichen. Der Zuschauer soll sich gerade nicht an die Dinge gewöhnen, sondern soll sie in ihrer Widerständigkeit zu spüren bekommen.

Unterrichtsverlauf

Die Analyse von Wedekinds Stück setzt auf seiten der Schüler die Kenntnis technischer dramaturgischer Mittel voraus, die zu seiner Aufführung notwendig sind. Eine Einführung in die elementaren Voraussetzungen der Theaterarbeit erschließt den Schülern den Zugang zur Struktur des Dramas und damit zusammenhängend zu den Problemen, die bei seiner Inszenierung auftauchen.

Phase 1: Elemente der Theatervorstellung

Es ist am zweckmäßigsten, von den Eindrücken und Erfahrungen auszugehen, die die Schüler beim Besuch von Theaterveranstaltungen oder gar beim eigenen Spielen von Theaterstücken gewonnen haben. Zu diesem Zweck stellen sie die Stoffsammlung vor, die sie in häuslicher Arbeit angelegt haben. Es ist dabei unerheblich, ob sich ihre Beiträge nun auf die technisch-organisatorischen Mittel beziehen, die bei der Inszenierung verwendet werden, oder ob sie den Ablauf einer Theatervorstellung, etwa vom Löschen des Lichtes bis zum Schließen des Vorhanges, kursorisch kennzeichnen. Ihre Äußerungen sind spontan und zunächst noch unsystematisch in Stichworten durch Tafelanschrieb festzuhalten. Zu erwarten sind etwa folgende Gesichtspunkte: Beleuchtung, akustische Signale, Bühne, Vorhang, Bühnenbild, Requisiten, Schauspieler, Kostüme, Masken, Mimik, Gestik, Sprache.

Phase 2: Produktion des Theaterstückes

Eine solche Stoffsammlung bedarf der gedanklichen Ordnung. Die von den Schülern gefundenen Aspekte sind als Bausteine zu benutzen, um die Gestaltungs- und Rezeptionsprozesse, denen das Stück im Theater unterliegt, bis es vom Publikum wahrgenommen wird, zu rekonstruieren. Dazu ist in jedem Fall ein Tafelbild zu erstellen oder eine vorbereitete Folie einzusetzen, die diese theatralische Umsetzung übersichtlich graphisch festhält. Das Tafelbild bzw. die Folie ist Schritt für Schritt durch ein fragend-entwickelndes Verfahren zu erarbeiten. Anhand der Skizze gewinnen die Schüler einen Einblick in die komplexe Institution des Theaterbetriebes als einer kollektiv arbeitenden Organisation und in die verschiedenen Produktions- und Rezeptionsformen, die die Inszenierung des Dramentextes ausmachen. Das jeweils entwickelte Modell stellt dann in etwa den Prozeß der Entstehung eines Theaterstückes, also vom Zeitpunkt der Auswahl des Stückes durch den Intendanten oder Dramaturgen bis zur Interpretation durch die Schauspieler dar.

Phase 3:
Zensurmaßnahmen

Diese allgemeinen Überlegungen sind zu konkretisieren. Dies kann durch Lehrervortrag anhand der Entstehungs- und Wirkungsgeschichte von Wedekinds Drama geleistet werden. Den Schülern ist zu verdeutlichen, daß Wedekinds Stück fünfzehn Jahre als bloßes Buchdrama galt und aufgrund von Zensurmaßnahmen zunächst auch nicht gespielt wurde.

Phase 4:
Technische Probleme der Inszenierung

Daß auch bühnentechnische Schwierigkeiten zunächst einmal die Inszenierung des Stückes verhinderten, ist den Schülern nicht durch Vortrag mitzuteilen. Zu dieser Einsicht sollen sie selbst gelangen. Dazu ist Partnerarbeit einzurichten. In dieser sollen sie zu der ihnen schon aus einem anderen Zusammenhang bekannten Szene I. 1 einen Bühnenplan skizzieren, der Angaben über das Bühnenbild sowie über die Art und den Standort der jeweils verwendeten Requisiten macht.

Phase 5:
Bühnenplan zu I. 1

Zwei bzw. drei Schüler skizzieren ihren Plan an der Tafel. Vermutlich werden sie alle ihren Bühnenplan so einrichten, daß ein naturalistisches Abbild des Bergmannschen Wohnzimmers entsteht. Diese Vorschläge sind im Plenum zu diskutieren.

Phase 6:
Abstrakter oder naturalistischer Inszenierungsstil?

Vor dem Hintergrund der Diskussionsergebnisse wird es den Schülern leichtfallen, nun noch andere, nämlich bühnentechnische Gründe für die verzögerte Inszenierung des Stückes zu reklamieren. Da man zu diesem Zeitpunkt davon ausgehen kann, daß die meisten Schüler in ihrer Gesamtlektüre des Textes schon recht weit fortgeschritten sind, ist die Verträglichkeit einer solch umfassenden Bühnenausstattung mit den folgenden Szenen des Dramas gemeinsam mit ihnen zu überprüfen. Angesichts der Vielfalt und Heterogenität der im Stück exponierten Räume werden sie die erheblichen technischen Schwierigkeiten erkennen, die eine naturalistische Bühnenkonzeption bei der Inszenierung des Wedekindschen Stückes bringt. Nicht, daß hier der Umbau der Bühne – und der ist fast nach jeder Szene notwendig – stören würde, ist das entscheidende. Dieser ließe sich ja durchaus in seiner desillusionierenden Wirkung auf das Publikum in einem produktiven dramaturgischen Sinne rechtfertigen. Gleichwohl kostet ein je neues Arrangieren der Bühne im Detail einfach zuviel Zeit. Das Stück, das ohnedies schon sehr zerstreut wirkt, würde durch aufwendiges Auf- und Abbauen der Requisiten und des Bühnenbildes zwischen den Szenen vollends an Kohärenz einbüßen. Gefordert ist also eine Bühnenkonzeption, die sparsam durch Bilder und Requisiten andeutet, Räume vergegenwärtigt, Stimmungen nahelegt, Probleme anzeigt. Dies ist auch vereinbar mit den ästhetischen Intentionen des Autors, der zeitlebens den Inszenierungsstil des naturalistischen Theaters kritisiert hat. In dieser Richtung könnte auch das Fazit des Gespräches mit den Schülern liegen.

Hausaufgaben

Die Vielzahl der Personen und die Mannigfaltigkeit der im Stück vorgestellten Räume sowie die beträchtlichen Zeitsprünge machen es erforderlich, den künftigen interpretatorischen Versuchen einen Plan in tabellarischer Form zugrunde zu legen, der einen Überblick über die Häufigkeit des Auftretens der Figuren, über die verschiedenen Orte und zeitlichen Verhältnisse bietet. Diese Tabelle ist von den Schülern bis zur nächsten Stunde anzufertigen. Da ihnen in dieser Stunde auch der gesamte Text lektüremäßig verfügbar sein soll, können sie anhand der deskriptiven Daten des Strukturplanes noch einmal präzise ihren Lektüreverlauf rekonstruieren. Dazu ist ihnen ergänzend die Aufgabe zu stellen, stichwortartig Eigenheiten und Zusammenhänge, die ihnen bei der Betrachtung des Schemas auffallen, zu notieren.

5./6. Stunde: Aufbau des Stückes

Sachanalyse

Volker Klotz hat in seiner Monographie „Geschlossene und offene Form im Drama" den Formtypus des offenen Dramas beschrieben und erläutert. Dieser ist von ihm fraglos als idealtypisches Modell konzipiert. Unter dieses lassen sich nicht nur Wedekinds Stück „Frühlings Erwachen", sondern auch die Werke von seinen Vorbildern Lenz, Büchner und Grabbe subsumieren, etwa die „Soldaten", „Woyzeck" oder „Scherz, Satire, Ironie und tiefere Bedeutung". Dies kann man mit Klotz an der Verwendung zentraler dramaturgischer Kategorien (Handlung, Figuren, Raum, Zeit) innerhalb des Stückes illustrieren (vgl. Materialien, 23 ff.).

Handlung

Das äußere Geschehen setzt im Stück unvermittelt ein und bricht ab, ohne daß dem Rezipienten eine Lösung geboten wird. Es fehlen hier Vorgeschichte und umfassende Exposition genauso wie ein schlüssiges raum-zeitliches Handlungskontinuum, das entweder in die Katastrophe mündet oder mit dem Happy end abschließt. Die Szenen folgen hier weder einem Entwicklungsprinzip, noch sind sie in ihrer Abfolge durch Kausalität und Finalität bestimmt. Statt dessen finden wir wechselnde Szenen, Episoden und Bilder aneinandergereiht, eben Handlungsausschnitte, die einen Eigenwert besitzen, indem sie in besonderer Weise eine Figur, eine Situation oder einen Ort punktuell beleuchten. In ihrer Art und Abfolge, wir wiesen schon in einem anderen Zusammenhang darauf hin, ähneln die Szenen Zirkus- oder Revuenummern. Ihre Organisationsprinzipien sind Variation und Kontrast.

Trotz der relativen Autonomie der Einzelbilder ergeben sich dennoch so etwas wie Handlungsstränge. Diese sind im wesentlichen an die drei Hauptfiguren des Stückes: Wendla, Melchior und Moritz gebunden. Die Handlungen setzen getrennt ein, konvergieren teilweise an einzelnen Stellen und streben wieder auseinander. Die klassizistischen Prinzipien der Einheit und Geschlossenheit der Handlung sind also aufgelöst. Die daraus resultierende Pluralität der Einzelhandlungen gehorcht, so hat Klotz festgestellt, dem „Gesetz komplementärer Stränge" (Klotz, 102). Die mit den drei Hauptfiguren verbundenen Handlungsstränge werden ergänzt und verdeutlicht durch Kollektivstränge, d. h. durch ein Szenenangebot, das die Hauptfiguren nur als Teil eines Figurenensembles zeigt und in dieser Form allgemeinere soziale Konstellationen und Probleme freilegt. So kristallisieren sich die beiden Einzelfälle des Moritz Stiefel und Melchior Gabor aus der Gruppe der Knaben heraus. Diese selbst kontrastiert wiederum mit einem anderen Ensemble, der erwachsenen Generation. Allerdings resultiert aus dem Kontrast kein dramaturgisches Gegeneinander. Es gibt innerhalb des Stückes keine Konfrontationsszene, in der antithetisch die Ideen und Interessen von Kinder- und Erwachsenenwelt einander gegenübergestellt und dramatisch ausgespielt werden. Wedekind konterkariert also auch das klassizistische Muster dialektischer Handlungsführung und Problembehandlung.

Figuren

Die Abweichung vom konventionellen Handlungsbegriff findet ihre Entsprechung in der Darstellung und Interpretation der Personen. Der individuelle Held des konventionellen Tragödientypus', der handelnd oder leidend untergeht, fehlt hier; auch das Kollektiv der Kinder kommt – entgegen der Titelgebung – kaum als Held in Frage. Zu unterschiedlich sind die Interessen und Standpunkte der Figuren; eine monolithe Gruppe, etwa im Sinne einer Schicksalsgemeinschaft, stellen sie nicht vor. Geboten werden lediglich szenische Fallstudien (vgl. Pickerodt, 80), in deren Mittelpunkt fast immer Kinder stehen. Deren Verhalten ist noch nicht, auch das ist ein Unterschied zu den traditionellen Tragödienhelden, durch mündiges Bewußtsein geprägt; es ist unfertig und wurzelt noch stark im Vorbewußten, Triebhaften.

Ort

Die Vielzahl und Inhomogenität von Handlungen und Personen bedingen im Stück eine Mannigfaltigkeit an Räumen. Durch sie soll empirische Weltfülle, die Totalität des Seienden auf die Bühne gebracht werden, ohne daß sie allerdings erreicht wird. Genauso wie die Einheit der Handlung ist die Einheit des Ortes aufgebrochen. Dennoch, auch der rasche Ortswechsel im Stück ist nicht völlig willkürlich. Er ist bestimmt durch den Gegensatz von innen und außen, von Enge und Weite, Stadt und Natur. So kontrastieren die Szenen, die im Zimmer (Wohnzimmer, Konferenzzimmer) spielen, mit denen, die in der Natur lokalisiert sind (Wald, Friedhof, Weinberg). Solche Orte sind nicht in erster Linie Aktionsbereiche für die Figuren; sie entfalten eigene Bedeutungen. Sie wecken Atmosphärisches, Stimmungen, Bedeutungen, so daß die Übergänge zwischen dem Innen der Figuren und der Außenwelt fließend werden. Sie schaffen immer wieder neue szenische Gegenwärtigkeit und Spontaneität.

Zeit

Angesichts der Raum- und Handlungsfülle hat auch das Postulat der Einheit der Zeit keine Gültigkeit mehr. Die Handlungsdauer des Stückes beträgt etwas mehr als ein halbes Jahr, von Wendlas Geburtstag im Mai bis zur Novembernacht auf dem Friedhof. „In Wedekinds Stück ist es", so erläutert Klotz, „nicht die von außen an die Personen herantretende, verändernde und somit wirkende Zeitmacht der Geschichte, sondern die privat biologische Zeitphase der Pubertät, mit der sich die Akteure auseinanderzusetzen haben. Die Zeit ruft hier eine Zuständlichkeit hervor, die ihrerseits, um sich zu aktualisieren,

einer gewisen Zeitspanne bedarf." (Klotz, 115).
Aufs Ganze gesehen dementiert Wedekinds Stück die tektonischen Formprinzipien herkömmlicher Dramatik, wie sie etwa G. Freytag in seiner Schrift „Die Technik des Dramas" entwickelt hat. Es gibt hier weder Ziel noch Wendepunkt, weder steigernde und verzögernde Momente, noch eine aus der Entwicklung resultierende Spannung. Handlung, Personen, Räume und Zeit sind allerdings nicht unzusammenhängend. Sie bedingen sich gegenseitig und konstituieren in dieser Form, und auch dies erinnert an den Raum und die Organisation der Zirkusvorstellung, eine Art Kreisbewegung, die ihre Dynamik durch den grellen Gegensatz, den überraschenden Bruch und die plötzliche Veränderung erhält.

Unterrichtsverlauf

Unter Umständen ist es empfehlenswert, die Schüler ihre Eindrücke zur Gesamtlektüre formulieren, Verstehensschwierigkeiten benennen und Hauptprobleme skizzieren zu lassen. Dies sollte allerdings nur dann geschehen, wenn sie selbst spontan dieses Bedürfnis äußern. Auf keinen Fall ist eine solche Phase künstlich einzurichten.

Phase 1: Statistik als Vorstufe der Analyse

Da nicht davon auszugehen ist, daß allen Schülern die weitreichende Bedeutung und Funktion der Hausaufgaben für die Textanalyse plausibel sind, könnte deren Sinn in einem ersten Schritt vergegenwärtigt werden. Sicherlich werden sie ganz allgemein darauf verweisen, daß die Graphik ihnen einen komprimierten Überblick über das Stück ermöglicht. Eventuell werden sie aber auch schon bei ihren häuslichen Überlegungen beobachtet haben, daß die statistischen Angaben durchaus Rückschlüsse struktureller Art auf das Stück zulassen.

Phase 2: Figuren

Auf diesen Einsichten aufbauend, kann nun in einem weiteren Schritt der Plan konkret ausgewertet werden. Zunächst sollen einzelne Schüler dem Plenum ihre Beobachtungen vorstellen. Folgende Ergebnisse sind zu erwarten:

1. Drei Figuren stehen eindeutig im Vordergrund des Stückes: Melchior (8 Auftritte), Wendla (7 Auftritte), Moritz (5 Auftritte). Diese drei Personen treten nicht nur in allen Akten auf (neben ihnen nur noch Frau Bergmann), sondern agieren auch häufig zusammen (Moritz/Melchior; Melchior/Wendla). Dabei wird das relativ geringe Auftreten Moritz' durch seine umfangreichen Redeanteile kompensiert (s. a. S. 38).
2. Das Drama ist durch die Auftritte einer Vielzahl von Figuren charakterisiert (Anknüpfung an die Überlegungen zum Personenverzeichnis), was zur Folge hat, daß in einzelnen Szenen sehr viele Figuren auftreten (I.2; i.4; III, 1; III. 2; III. 4). Diese kontrastieren wiederum mit solchen, in denen Figuren nur monologisieren, (II. 2; II. 5; II. 6; II. 7 (monologartig)) und anderen, in denen maximal bis zu drei Personen auftreten.
3. Die Auftretenshäufigkeit der Jugendlichen ist größer als die der Erwachsenen.
4. Auf seiten der Erwachsenen dominieren als Figuren Frau Bergmann und Frau Gabor. Diese treten entweder allein (Frau Gabor) oder in Zweier- oder Dreier-Konfigurationen auf.

Szenarium	I. Akt					II. Akt							III. Akt						
	1	2	3	4	5	1	2	3	4	5	6	7	1	2	3	4	5	6	7
Melchior Gabor		×	(×)	×	×	×			×				×			×			×
Herr Gabor															×				
Frau Gabor						×				×					×				
Wendla Bergmann	×		×		×		×		×		×						×		
Frau Bergmann	×						×										×		
Ina Müller																	×		
Moritz Stiefel		×		×		×						×							×
Rentier Stiefel														×					
Otto		×		×										×					
Robert		×		×										×					
Georg Zirschnitz		×		×										×					
Ernst Röbel		×												×				×	
Hänschen Rilow				×				×						×				×	
Lämmermeier				×										×					
Martha Bessel			×											×					
Thea			×																
Ilse												×		×					
Rektor Sonnenstich													×	×					
Hungergurt				×									×						
Knochenbruch				×									×	×					
Affenschmalz													×						
Knüppeldick													×						
Zungenschlag													×						
Fliegentod													×						
Habebald													×						
Pastor Kahlbauch														×					
Ziegenmelker														×					
Onkel Probst														×					
Diethelm																×			
Reinhold																×			
Ruprecht																×			
Helmuth																×			
Gaston																×			
Dr. Prokrustes																×			
Ein Schlossermeister																×			
Dr. von Brausepulver																	×		
Der vermummte Herr																			×
Ort	Wohn-zimmer	Im Freien	Straße	Park	Wald	Studier-zimmer	Wohn-zimmer	Toilette	Heu-boden	Zimmer	Garten	Am Fluß	Konfe-renz-zimmer	Fried-hof	Zimmer	Anstalt	Schlaf-raum	Wein-berg	Fried-hof
Zeit	Morgen 5. Mai	Sonntag abend		Mittag	Nach-mittag	Abend	Morgen		Mittag		Morgen	Abend					Oktober	Abend Herbst	Abend Novem-ber

Um die Sichtung und Deutung der Beobachtungen zu erleichtern, sind diese stichpunktartig an der Tafel oder auf Folie festzuhalten.

Phase 3: Handlungsstränge

Diese Arbeitsphase ist der Interpretation der empirisch ermittelten Daten zu widmen. Sie soll Kriterien für eine Beziehungsanalyse einzelner Figuren, Szenen und Handlungsmomente, insgesamt also Bausteine für eine Bestimmung des Aufbaus des Dramas erbringen. Sie ist im fragend-entwickelnden Verfahren durchzuführen. Dabei ist es zunächst einmal unerheblich, von welchen Beobachtungen aus die Deutungsprozesse der Schüler einsetzen.

Es ist sinnfällig, daß mit der Auftretenshäufigkeit von Moritz, Melchior und Wendla auch eine Art Dominanz dieser Figuren gegeben ist. Man kann sie durchaus als Hauptrollen charakterisieren. Zumindest eine von diesen Figuren tritt jeweils an exponierter Stelle auf, zu Beginn oder zum Ende des Aktes. Darüber hinaus tauchen sie in 15 von insgesamt 19 Szenen des Stückes auf.

Anhand ihrer Lektüreerfahrungen werden die Schüler die Dominanz dieser Figuren auch inhaltlich bestätigen können. Unter Umständen werden sie die Verknüpfung dieser Rollen mit jeweils bestimmten Einzelhandlungen ansprechen; wenn nicht, sind vom Lehrer in dieser Analyseerrichtung engere Fragen zu formulieren. Die um die drei Figuren zentrierten Einzelhandlungen, die zumindest in 2 Fällen mit dem Tod des Protagonisten enden, setzen unterschiedlich ein, konvergieren, streben wieder auseinander, bis am Ende nur noch der mit Melchior verbundene Handlungsstrang übrigbleibt, ohne dabei übersehen zu wollen, daß Wendla und Moritz auch in der Schlußszene noch ihre „Rolle" spielen. Es ist wichtig, daß die Schüler erkennen, daß die Abfolge und Koordination der Einzelhandlungen nicht einem herrschenden Prinzip gelenkter Finalität entspricht, das durch Funktionalisierung der Einzelszenen Schritt für Schritt, Szene für Szene, eingelöst wird. Die Einzelhandlungen, das beweisen die Häufigkeit und der Ort des Auftretens der drei Protagonisten, sind heterogen, nicht systematisch aufeinander aufgebaut. Es bleibt dem Lehrer überlassen, ob er diese Einsicht auch noch einmal begrifflich akzentuiert. Möglicherweise wird er in diesem Zusammenhang kurz die dramaturgische Kategorie der Einheit der Handlung bzw. deren Kontraposition, die Episodentechnik, skizzieren. Dabei müßte er verdeutlichen, daß Wedekind eben mit seinem Stück die Einheit der Handlung aufgibt und diese in eine Vielzahl von Bildern, Episoden, Ausschnitten, Stimmungsbildern etc. aufspaltet.

Phase 4: Individual- und Kollektivszenen

Der in den Phasen 2 und 3 statistisch erläuterte Zusammenhang von Figuren und Handlungen impliziert eine begriffliche Klärung der im Drama vorhandenen Szenentypen. Man kann Individual- und Kollektivszenen unterscheiden.

Beide Begriffe sind vom Lehrer zunächst nur in einem quantitativen Sinne zu erläutern. Dabei kann er durchaus an Lektüreerfahrungen der Schüler anknüpfen.

Phase 5: Positionen und Funktionen der Kollektivszenen

Danach ist Partnerarbeit einzurichten. Mit Hilfe ihrer Tabelle sollen die Schüler

Position, Eigenart und Funktion der Kollektivszenen untersuchen. Folgende Ergebnisse sind zu erwarten:

1. Kollektivszenen tauchen nur im ersten und dritten Akt auf. Im ersten Akt stellt der Autor jeweils die Jungen- und Mädchengruppe (I.2; I.3; I.4) vor. Sieht man einmal vom 2. Teil der Beerdigungsszene ab, so läßt sich für den dritten Akt ein kompaktes Auftreten des Kollektivs der älteren Generation feststellen (III.1; III.2). Dies kann als äußeres Zeichen dafür gewertet werden, daß die Jugendlichen zunehmend von den Erwachsenen dominiert und eingeschnürt werden. In der Lehrerkonferenzszene erfolgt die schulische Verurteilung Melchiors; in der Begräbnisszene wird Moritz posthum auch noch geistlich-moralisch hingerichtet.

2. Die Kollektivszenen fehlen im zweiten Akt, damit sich der Blick der Zuschauer auf das besondere Geschehen, auf das Einzelschicksal der drei Hauptfiguren und deren Verbindungen untereinander heften kann.

3. Die Kollektivszenen des ersten Aktes haben Expositionsfunktionen. Sie charakterisieren die drei Hauptfiguren im Kreise ihrer Freund(e)(innen) und Mitschüler(innen) und machen zugleich ihre Abhängigkeiten von gesellschaftlichen Normen und Institutionen, von den starren Ansprüchen der älteren Generation deutlich.

4. Individual- und Kollektivszenen bedingen und erläutern sich wechselseitig. Sie stehen in einem komplementären Verhältnis.

Bei der Vorstellung und Auswertung der Ergebnisse ist eventuell durch fragend-entwickelnde Methode nachzuhelfen. Das erleichtert vermutlich auch den glatten Übergang in die letzte Arbeitsphase.

Phase 6:
Fremdbestimmung von Figuren und Handlungen

Die in den vorausgegangenen Phasen erarbeiteten Einzelergebnisse bedürfen der synthetisierenden Darstellung. Gemeinsam mit den Schülern soll an der Tafel ein globales Modell entwickelt werden, das den Aufbau des Stückes in übersichtlicher Form wiedergibt. Dieses veranschaulicht den Verlauf der drei privaten Handlungsstränge, ihre Verknüpfungspunkte und Beeinflussung durch die von der älteren Generation repräsentierten gesellschaftlichen Institutionen. Darüber hinaus zeigt es die zunehmende Fremdbestimmung und Isolierung der drei Hauptfiguren, die ihren Gipfelpunkt in der Schlußszene besitzt. Dort ist Melchior allein auf sich gestellt, heimatlos steht er zwischen Leben und Tod und entscheidet sich fürs Leben. Eine Entwicklung im sozialen Sinne hat nicht stattgefunden. Der Kreis schließt sich hier. Das Ende des Stückes führt zu seinem Anfang zurück. Nur: Die bürgerliche Gesellschaft hat ihre Opfer gefordert, aber jenseits von ihr gibt es auch für Melchior keine Lebensmöglichkeit. Diesen paradoxen Zirkel sollen die Schüler mit Hilfe des Tafelbildes nachvollziehen. Damit sie den größeren Zusammenhang des Stückes auch weiterhin im Auge behalten, erscheint es notwendig, daß sie in den folgenden Stunden mit dem Strukturbild umzugehen lernen, es differenzieren und ergänzen.

Hausaufgaben

Anhand des Modells wird der Lehrer mit den Schülern kurz den weiteren Verlauf der Unterrichtseinheit besprechen. Es bietet sich an, zunächst die sozialen Faktoren, die familiären und schulischen Einflüsse, die den Lebenshorizont der drei Hauptfiguren einengen, zu untersuchen. Der Lehrer wird darauf verweisen, daß die Darstellung solcher sozialen Zusammenhänge auch von den Lebenserfahrungen Wedekinds abhängt. Vor dem Hintergrund dieser Überlegungen wird er die Hausaufgaben formulieren und plausibel machen: nämlich die Lektüre des im Materialienband abgedruckten kleinen autobiographischen Textes von Wedekind.

II. Sequenz: Familiäre Erziehung

7. Stunde: Erziehung um 1890 – Biographische und sozialgeschichtliche Aspekte

Sachanalyse

Biographie

Die Probleme und Mißstände, die Wedekind im Stück literarisch formuliert, sind nicht im gesellschaftlichen Vakuum entstanden. Ihnen liegen konkrete biographische und gesellschaftliche Erfahrungen des Verfassers zugrunde. Wedekind selbst hat die Verankerung des Stückes in seinem unmittelbaren Lebenskreis betont. „Fast jede Szene", so sagt er sicherlich ein wenig überspitzt, „entspricht einem wirklichen Vorgang" (vgl. Materialien, 20). Um diesem Verhältnis von Literatur und Realität auf die Spur zu kommen, sind zunächst Informationen über das Leben des Autors, etwa bis 1891, über seine Herkunft, Erziehung, Bekanntschaften, Interessen und Fähigkeiten zusammenzustellen:
Wedekind stammt aus einem politisch liberalen Elternhaus. Sein Vater vertrat in Flugschriften und Broschüren die Ideen der Achtundvierziger und war entschiedener Gegner Bismarcks. Die Ehe seiner Eltern ist, vielleicht aufgrund des großen Altersunterschiedes der beiden Partner, nicht ohne Spannungen geblieben. Da der Vater sich in seinem letzten Lebensabschnitt im Schloß Lenzburg, das die Familie bewohnte, ganz zurückzog, zum Außenseiter wurde, war die Mutter fast allein mit der Erziehung der Kinder betraut. Es ist bekannt, daß die Kinder, unter ihnen Frank, den Auseinandersetzungen der Eltern beiwohnten, ja selbst dazu Stellung bezogen. Diese Eindrücke waren zwar für den jungen Wedekind prägend, aber nicht unbedingt in einem negativen Sinne.
Die Brisanz, die dem Problemkreis der Schule in „Frühlings Erwachen" zukommt, scheint in der Biographie Wedekinds zu fehlen. Er ist bestenfalls ein mittelmäßiger Schüler auf der Kantonschule und auf dem Gymnasium, ohne großen Fleiß, nachlässig in den Fächern, die ihn nicht besonders interessieren, mit besseren Leistungen in Deutsch und Religion. Obwohl er einmal eine Klasse wiederholen muß, scheint er unter den Anforderungen der Schule nicht besonders gelitten zu haben. Immerhin schafft er das Abitur. Zu erwähnen sind seine außerschulischen Interessen: Er schreibt schon früh Gedichte, beschäftigt sich mit ethischen und religiösen Problemen – wahrscheinlich eine Art Kompensation zu dem zumeist monotonen Schulbetrieb. Dazu ist auch ein Dichterbund zu zählen, der sich am Gymnasium unter dem Namen „senatus poeticus" etablieren konnte. In ihm muß Wedekind wohl eine dominierende Rolle gespielt haben. Im Wirtshaus, dessen Besuch den Schülern nur zu bestimmten Stunden erlaubt war, pflegte man Konversation, tauschte Gedanken aus und las den Freunden eigene poetische Produktionen: Tragödien, Erzählungen und Verse vor. Auch Fragen der Sexualität wurden hier freimütig diskutiert. Die Erfahrungen, die der junge Wedekind in diesem Milieu machte, sind sicherlich in vermittelter Form in „Frühlings Erwachen" eingegangen. Ein Ereignis in

diesem schulischen Lebensumkreis wird vom Autor nachgerade als Schlüsselereignis gesehen, dem sich die Entstehung von „Frühlings Erwachen“ verdanken soll. In mehreren Briefen aus dem Jahre 1881 berichtet er seinem Freunde A. Vögtlin vom Selbstmord des Schulkameraden Frank Oberlin. („Letzten Freitag schwänzte Frank Oberlin die Schule. Samstagsmorgen um 4 Uhr nimmt er sein Geschichtsbuch und geht in den Schachen, um Geschichte zu repetieren. Zwei Stunden später, um 6 Uhr, fand man seinen Leichnam, der in der Telli von der Aare aufs Land geworfen war. Wie er umgekommen, weiß niemand zu sagen. Die Vermutungen aber über seinen Tod halte ich für zu grundlos und unwürdig, als daß ich sie weiter melden möchte. Seine irdische Hülle wurde nach Muri gebracht, um dort beerdigt zu werden. Die Gedanken eines Pessimisten über diesen Vorfall wirst du erraten. Ich umgehe also ihre Mittheilung.“) (Wedekind, Bd. 3, 386f.) („Diesmal stehe ich als warnender Geist vor Deiner trüben Seele und möchte Dich bewahren vor der schrecklichen Selbstverachtung, denn ihre Folgen sind furchtbar und unabwendbar. Selbstmord folgt auf Selbstverachtung so gewiß, wie Schmerz auf die Freude, wie Regen auf Sonnenschein.“) (Wedekind, Bd. 3, 388)

Die kleinbürgerliche Familie

Für das Verständnis des Stückes spielt neben der Biographie des Autors die Erfassung von dessen sozialem Umfeld eine entscheidende Rolle. Die in „Frühlings Erwachen“ dargestellten Probleme der heranwachsenden Jugendlichen resultieren zum großen Teil aus den Erziehungspraktiken, mit denen sie im Elternhaus konfrontiert werden. Dabei ist zu beachten, daß Wedekind nicht Formen der familiären Erziehung und Sozialisation seiner Zeit, z. B. Inhalte und Methoden der Sexualaufklärung, naturalistisch darzustellen versucht und sie dann kritisiert. Er setzt sich literarisch mit ihnen auseinander, d. h. dort, wo es nötig ist, übertreibt und verzerrt, persifliert und verfremdet er. So kann er zeitgenössische Erziehungsmißstände grell beleuchten.

Familiäre Erziehung um 1890 ist vor dem Hintergrund der Entstehung der kleinbürgerlichen Familie in der zweiten Hälfte des 19. Jahrhunderts zu betrachten. Mit der Trennung von Arbeits- und Wohnstätte reduzierte sich zu Beginn des 19. Jahrhunderts der Tätigkeitsbereich der Frau. Nicht mehr an der Arbeitswelt ihres Mannes partizipierend, war sie allein mit der Wahrnehmung häuslicher Pflichten betraut. „Neben dem mit allen patriarchalischen und vormundschaftlichen Rechten ausgestatteten pater familias, der außerhalb des Hauses dem Berufe und Gelderwerbe nachging, waltete als Gegenpol am häuslichen Herd die Mutter, die züchtige Hausfrau, deren Aufgaben sich auf die Pflege des Haushaltes und die Aufzucht der Kinder konzentrierten.“ (Weber-Kellermann, 108). Solche Arbeitsteilung bedeutete zunächst wirtschaftliche Abhängigkeit der Frau und der Kinder vom Vater. Ihm gegenüber waren Respekt und Gehorsam geboten.

Vor diesem Horizont zeichnen sich in Wedekinds Stück im wesentlichen drei familiäre Konstellationen ab: Wendla – Frau Bergmann; Melchior – Frau Gabor – Herr Gabor; Moritz – Rentier Stiefel. Diese drei Paradigmen unterscheiden sich in ihrer Oberflächenstruktur; hier zeigen sich unterschiedliche Erziehungshaltungen; tiefenstrukturell reproduzieren freilich alle drei das soziale Muster der bürgerlichen Familie.

Unterrichtsverlauf

Die abstrakten strukturellen Untersuchungen der voraufgegangenen Stunden, die erfahrungsgemäß von den Schülern, zumal denen der Sek. I, nicht immer besonders gerne durchgeführt werden, sind in dieser Unterrichtssequenz durch konkretere Überlegungen zu vertiefen und zu ergänzen. Dies kann durch Behandlung eines Problemkreises geschehen, mit dem sie selbst in ihrer eigenen Lebenswelt unmittelbar konfrontiert werden: mit familiären Erziehungsmethoden.

Phase 1: Der junge Wedekind

Die erste Stunde der Sequenz ist mit einem Schülerreferat über Wedekinds Biographie zu eröffnen. Den Schülern wird damit klar, daß das Stück seinen lebensgeschichtlichen Ort in der Biographie des Autors besitzt und die Darstellung der pädagogischen Institutionen im Drama wohl zum Teil auf konkreten familiären und schulischen Erfahrungen des Verfassers basiert. Der Schwerpunkt des Referates sollte daher auf der ersten Lebensphase des Autors liegen. Aufgrund der häuslichen Lektüre des autobiographischen Textes von Wedekind (Materialien, 36 ff.) bestehen für die Aufnahme des Referates günstige Bedingungen. Als hilfreich erweist sich in diesem Zusammenhang für die Schüler auch das chronologische Verzeichnis, das den autobiographischen Text fortsetzt (vgl. Materialien, 38 ff.). Es ist von ihnen analog zum Verlauf des Referates zu benutzen. Sie sind somit davon entlastet, Daten und biographisches Material zu notieren, ein Umstand, der aktives Zuhören und intensives Verstehen eines Referates häufig beeinträchtigt.

Da das Referat unter anderem auch die Funktion hat, zum Problemkreis familiärer und schulischer Erziehung hinzuführen, sind in ihm besonders die familiären und schulischen Erfahrungen des Autors zu akzentuieren.

Phase 2: Biographie und Drama

a) Die Erkenntnisse des Referates bedürfen der resümierenden Betrachtung. Dies soll in Form eines Gespräches erfolgen. In dessen Mittelpunkt steht die Beschäftigung mit der Frage, in welcher Weise lebensweltliche Erfahrungen Wedekinds in die Gestaltung des Stückes eingegangen sind. Einen unmittelbaren Zusammenhang zwischen schulischen und familiären Erfahrungen des Verfassers und der Erziehungsthematik des Stückes werden sie vermissen. Allenfalls werden sie in der Situation Melchiors und seiner Beziehung zu seinen Eltern Berührungspunkte mit den Lebensumständen des Verfassers entdecken.

b) Es bleibt daher im wesentlichen die Möglichkeit, nach anderen Gründen für die extensive Behandlung dieser Thematik zu suchen. Diese sind durch fragend-entwikkelndes Verfahren, unterstützt durch gezielte Lehrerimpulse, gemeinsam mit den Schülern herauszuarbeiten. Unmittelbares Anschauungsmaterial hat Wedekind, so ist festzuhalten, aufgrund von Erlebnissen seiner Mitschüler und Verhältnissen in seiner Umwelt gewonnen. Er erfuhr von ihren familiären und schulischen Problemen. Nachdrücklich dokumentiert sich dieses in dem Briefwechsel mit seinen Freunden und Angehörigen. Gegebenenfalls sind dieses Zitate aus den Briefen (vgl. Sachanalyse) vom Lehrer den Schülern vorzustellen, so daß diese Verbindungen zum Fall Moritz knüpfen können.

Phase 3:
Die Entstehung der kleinbürgerlichen Familie

Das Ende der zweiten Phase wird zwangsläufig die Frage nach den familiären und schulischen Verhältnissen am Ende des 19. Jahrhunderts aufwerfen. Dabei ist diese zunächst auf den familiären Aspekt hin einzugrenzen. Den Schülern ist ein Text der Soziologin Weber-Kellermann vorzulegen (vgl. Materialien, 13f.). Dieser beschreibt die sozio-ökonomischen Voraussetzungen und die soziale Struktur der kleinbürgerlichen Familie in der zweiten Hälfte des vorigen Jahrhunderts. Die wichtigsten Thesen dieses Textes sind von den Schülern in Partnerarbeit herauszuarbeiten und graphisch durch ein Schaubild zu veranschaulichen.

Phase 4:
Die Rollenverteilung in der kleinbürgerlichen Familie

Einzelne Schüler werden gebeten, ihre Ergebnisse dem Plenum vorzutragen und diese durch eine Graphik zu verdeutlichen. Das Plenum kann dabei ergänzend, abwandelnd oder auch korrigierend eingreifen. Vermutlich werden die Schüler die neue Rollenverteilung in der Familie, insbesondere das neue pädagogische Aufgabenfeld der Frau herausstellen, das sich aus der Trennung von Wohn- und Arbeitsstätte ergibt. Daraus müßte die patriarchalische Verfassung der Familie gefolgert werden, die die Abhängigkeit der Frau und der Kinder vom wirtschaftlich autonomen Hausvater besiegelt.

Phase 5:
Familiäre Konstellationen im Drama

Die allgemeinen historischen Überlegungen zur kleinbürgerlichen Familienstruktur sind nun exemplarisch auf das Stück zu beziehen und an ihm zu modifizieren. Dies ist durch fragend-entwickelndes Verfahren zu leisten. Dabei werden die im Drama exponierten familiären Konstellationen erstmals beschrieben und erläutert. Auch hier ist es nützlich, vor dem Hintergrund des schon entwickelten Familienmodells konkrete Schaubilder anzufertigen. Sie ermöglichen einen präzisen Vergleich der verschiedenen familiären Konstellationen.

Hausaufgaben

Die Hausaufgaben ebnen den problemorientierten Zugang zum Text in der folgenden Stunde. Sie bestehen in der intensiven lektüremäßigen Aufbereitung der Szenen II.2 und III.5. Um der Lektüre Konturen zu verleihen, sind ihr leitende Gesichtspunkte vorzugeben. Besonders zu berücksichtigen sind die erzieherischen Maßnahmen der Frau Bergmann und deren Wirkungen auf ihre Tochter Wendla.

8. Stunde: Entlarvung durch Komik: Frau Bergmann

Sachanalyse

Aufschlußreich für die Darstellung und Interpretation der ersten familiären Konstellation und der in ihr wirksamen Erziehungspraktiken ist die Szene II.2, wenn man in diesem Zusammenhang einmal die schon analysierte Szene I.1 und die Szene III.5 außer acht läßt. Anlaß des Dialogs ist die Mitteilung Frau Bergmanns an ihre Tochter, ihre Schwester Ina habe einen Jungen geboren. Diese kleidet sie, ohne daß eine Notwendigkeit dafür besteht, in das Märchen vom Klapperstorch und weckt damit nur die Neugierde ihrer Tochter Wendla, die ihr keinen Glauben schenkt und nun wissen möchte, woher die Kinder kommen. Als ihre Ausweich- und Bestechungsmanöver (Rose, Brosche) nicht die erhoffte Wirkung auf Wendla zeigen und diese in ihren Fragen immer unnachgiebiger wird, scheint sie sich der Tochter, die sie in die Enge treibt, endlich stellen zu wollen. Dennoch, ihre Verdrängungsmanöver und Verweigerungsgesten bleiben; sie zieht sich auf nichtssagende Formeln zurück und klärt ihre Tochter nicht auf.

Weniger die Inhalte des Gespräches als vielmehr die Beziehungen zwischen den Gesprächspartnern sind aufschlußreich. Die Inhalte sind dürr, armselig. Das ist nicht verwunderlich, wenn man bedenkt, daß es hier um ein Sexualtabu geht. Eine „anständige" Hausfrau und Mutter um 1890 berührte dieses Thema nicht. Entweder wurde es totgeschwiegen oder mit mystifizierenden Formeln umschrieben, etwa wenn man vom unsagbaren Reiz der schönen Zeit der ersten Liebe oder vom süßen Schlummer des süßen Geheimnisses in der jungfräulichen Brust (vgl. Roth, 129) sprach. „War die Sexualität schon nicht aus der Welt zu schaffen, so sollte sie wenigstens innerhalb ihrer Welt der Sitte nicht sichtbar sein. Es wurde also die stillschweigende Vereinbarung getroffen, den ganzen ärgerlichen Komplex weder in der Schule, noch in der Familie, noch in der Öffentlichkeit zu erörtern und alles zu unterdrücken, was an sein Vorhandensein erinnern könnte." (Zweig, 187)

Sexualaufklärung findet also in dieser Szene nicht statt. Das Paradoxon dieser Szene ist, daß ihr Inhalt in der Unterlassung von Inhalten besteht. Man greift zu kurz, diese Unterlassung nur mit der Prüderie und Borniertheit der Frau Bergmann erklären zu wollen. Ihr Verhalten ist entschieden durch Heimlichkeit und Unaufrichtigkeit charakterisiert. Auf die Fragen und das Anliegen ihrer Tochter geht sie nicht ein. Sie weicht dauernd aus und lenkt ab. Wenn sie schließlich gefordert ist zu handeln, lehnt sie jede Verantwortung für sich ab. Sie beruft sich immer wieder auf andere, auf Gott und den Himmel („O du grundgütige Allmacht" (30)), deutet gesellschaftliche Sanktionen an („Ich kann es ja nicht verantworten. – Ich verdiene ja, daß man mich ins Gefängnis setzt" (30)). Was seit jeher gilt, muß für sie auch in der Gegenwart noch gelten. Ihr Erziehungsstil ist, wenn man hier überhaupt von einem solchen sprechen will, naiv, verlogen und töricht.

Wedekinds Methoden, sich mit diesem „Erziehungsverhalten" auseinanderzusetzen, sind nicht inhaltlich, sondern dramaturgisch motiviert. Er entlarvt durch den Modus, wie er die Dialogpartner zueinander in Beziehung setzt, durch die Art ihres Sprechens und ihre Gebärdensprache. So gerät die Szene, die zunächst als Aufklärungsgespräch angelegt war, am Ende zu ihrer eigenen Parodie. Die emotionsgeladene Körpersprache der Frau Bergmann („ekstatisch") (30), die grandiose Erwartungen im Kinde weckt, wirkt durch das triviale Ergebnis, das sie erzeugt („Und das ist alles?") (30), nur noch komisch. Ihr Pathos wird entzaubert, enthüllt sich als hohle Geste, vergleichbar dem Akrobaten, der für seine Darbietung einen gigantischen Aufwand benötigt, dann aber doch nur ein klägliches Resultat erbringt.

Doch über das, was im Augenblick nur lustig und heiter ist, was im hellen Gelächter unterzugehen scheint, fällt nachträglich der Schatten: Die versäumte bzw. gescheiterte Aufklärung fordert ihren Preis: das Leben des Kindes. Der Gegensatz könnte nicht schriller sein: Frau Bergmann, deren Naivität und Hilflosigkeit hier noch

Heiterkeit auslösen, erhält in III. 5 schon fast monströse Züge: „Sie kommen eben recht, Mutter Schmidtin.“ (61). Mit diesen Worten empfängt sie, der es nur um ihren guten Ruf geht, die Kurpfuscherin, die an ihrer Tochter die Abtreibung vornehmen soll.

Unterrichtsverlauf

Im Zentrum der Stunde steht die Analyse der Szene II. 2; die Szene III. 5 ist nur insofern zu berücksichtigen, als sie die Widersprüche und praktischen Konsequenzen der verfehlten sexuellen Aufklärung der Frau Bergmann thematisiert.

Phase 1:
Gemeinsames Lesen von II. 2 und Rolleninterpretation

Die Szene ist zunächst mit verteilten Rollen zu lesen (und gegebenenfalls ansatzweise szenisch zu realisieren). Auf diese Weise werden die Lektüreeindrücke der Schüler vertieft, und diese gewinnen Einsichten in die dialogische Konstitution der Rede, Erkenntnisse, die im monologisierenden Lektüreprozeß nicht immer zu erreichen sind. Falls es den Schülern gelingt, die mimischen und gestischen Möglichkeiten der beiden Rollen zu entfalten, sind darüber hinaus Aufschlüsse über die Beziehungen zwischen beiden Rollen zu erwarten.

Das Plenum äußert sich spontan zum szenischen Vortrag (Spiel). Dabei bringt es je nach Darbietung Zustimmung, Verstärkung, kritische Einwände, Korrekturen und Verbesserungsvorschläge ins Gespräch ein. Der Lehrer hält die Beiträge in Form von Stichworten an der Tafel fest. Unter Umständen ergibt sich auf der Grundlage dieser Äußerungen schon ein schärferes Profil der beiden Rollen und ihrer Beziehungen zueinander.

Phase 2:
Dialoganalyse: Inhalts-, Beziehungs- und Sprachaspekt

Die anschließende Interpretation des Dialogs rekurriert aus systematischen Gründen auf das den Schülern im wesentlichen bekannte Kommunikationsmodell. Mit Hilfe dieses Modells werden der Dialog und die Dialogsituation zwischen Mutter und Tochter strukturell erfaßt. Vom Lehrer werden darüber hinaus zwei grundlegende Arbeitsbegriffe der Dialoganalyse eingeführt und erläutert: der Inhalts- und Beziehungsaspekt. Beiden Aspekten lassen sich zwei Fragen zuordnen: Worüber wird gesprochen? Welche Beziehungen haben die Dialogpartner zueinander? Verknüpft man diese beiden Fragen noch mit einer dritten, nämlich mit der Frage, durch welche sprachlichen und außersprachlichen Mittel die Inhalte übermittelt und die Beziehungen realisierbar werden, so verfügt man über einen Ansatz, mit dessen Hilfe Gestus und Funktion des Gespräches entschlüsselt werden können.

Phase 3

Da der Prozeß der Dialoganalyse recht kompliziert ist und mit den Schülern zunächst einmal geübt werden muß, ist im fragend-entwickelnden Verfahren vorzugehen.

Phase 3a:
Inhaltsaspekt

Der Inhaltsaspekt impliziert die Frage nach den Informationen, die die Mitteilungen von Frau Bergmann und Wendla enthalten. Die Schüler werden erkennen,

daß der Informationsanteil in den Reden der Frau Bergmann äußerst gering ist. Diese löst mit der Mitteilung von der Geburt ihres dritten Enkels den Dialog aus, aber das ist auch die einzige Information mit realem Hintergrund. Ansonsten bewegt sie sich mit ihren Aussagen im Bereich der Fiktion. Ihrer Tochter erzählt sie das Märchen vom Klapperstorch und läßt die Zeugung, als Wendla ihr das Märchen nicht abnimmt, in einem Mysterium der Liebe aufgehen. Wenn man bedenkt, daß dieses Gespräch seiner Intention nach als Aufklärungs-, mithin als Enthüllungsdialog zu begreifen ist, dann sind seine Inhalte erbärmlich. Sie lassen auf ein gestörtes Verhältnis der Frau Bergmann zur Wahrheit und Wirklichkeit schließen.
Invers ist die Rolle Wendlas angelegt. Da ihr der Gesprächsanlaß aufoktroyiert wird, bringt sie von sich aus kaum neue Informationen ins Spiel. Sie fragt nach den „Umständen" von Zeugung und Geburt, fordert die Mutter hartnäckig auf, ihr diese mitzuteilen. Interessanterweise geht sie zu Beginn auf die Fiktion der Mutter ein und fingiert selbst, am Fenster stehend, eine neue Geschichte. Dies macht sie aber nicht aus dem Grunde, weil sie die Wirklichkeit – wie die Mutter – scheut, sondern weil sie gerade mehr über sie erfahren will. Für sie ist die Fiktion ein Mittel der Entlarvung, für ihre Mutter eine strategische Möglichkeit zu verhüllen.

Phase 3b:
Beziehungsaspekt

Das, was die Untersuchung der Inhalte nahelegt, vermag die Analyse der Beziehungsstrukturen zu erhärten. Diese verändern sich allerdings gemäß den Inhalten im Laufe des Gespräches. Zunächst unterbreitet Frau Bergmann ihrer Tochter ein Beziehungsangebot, das für diese allein die Rolle des noch unreifen, naiven, unschuldigen Haustöchterchens vorsieht („Sieh, das ist schön von dir"; „Denk dir, Wendla" etc.) (28). In dem Maße, wie sich Wendla mit ihren Fragen und Antworten auf dieses Beziehungsniveau einläßt, also die Mutter mit ihren eigenen Mitteln entlarvt, kann diese ihr entmündigendes Beziehungsangebot nur noch dem sprachlichen Scheine nach aufrechterhalten („Du bist und bleibst doch ein Kindskopf") (29). Absurderweise fordert sie von ihrer Tochter nun die Mündigkeit ein, die sie selbst durch ihr Beziehungsangebot im Gespräch zunichte gemacht hat („Nimmt mich wunder, wann bei dir einmal der Verstand kommt.") (29).
Daß genau an diesem Punkt auch die Beziehung zwischen Mutter und Tochter in ihr Gegenteil umschlägt, erkennen die Schüler an der Veränderung in den Anreden. (Überhaupt ist es ergiebig, die Aufmerksamkeit der Schüler bei der Untersuchung der Beziehungsstrukturen besonders auf die Anreden zu lenken.) Plötzlich ist es Wendla, die ihre Mutter fast wie ein Kind behandelt (statt „Mutter" nun „Mütterchen"). Damit zieht sie nur noch die Konsequenz aus der vielleicht an dieser Stelle noch nicht ganz ernst gemeinten Selbsteinschätzung ihrer Mutter („Deine alte einfältige Mutter") (29). Die noch von ihr im kindlichen Gestus vorgetragenen Bitten, die immer bestimmender und insistierender werden, sind strategisch zu sehen. Sie ist es jetzt, die bevormundet, ihre Mutter zum Kind macht. Exemplarisch kann dies den Schülern noch einmal an der eigentlichen „Aufklärungsszene", dem Schlußteil, gezeigt werden. Fast hat es hier den Anschein, als spiele die Tochter mit der Mutter. Die devote Gebärdensprache Wendlas wirkt auf das Verhalten der Mutter zurück, macht ihre Hilflosigkeit besonders sinnfällig.

Phase 3c:
Sprachaspekt

Es ist fast unumgänglich, daß der eine oder andere sprachliche/außersprachliche Gesichtspunkt bei der Analyse von Inhalts- und Beziehungsaspekt angesprochen werden muß. (Dabei ist darauf zu achten, daß die Schüler jeweils ihre Beobachtungen konkret am Text belegen. Nur über sorgfältige Belegarbeit gewinnen sie einen Zugang zur sprachlichen Feinstruktur des Textes.) In welchem Umfang die sprachlichen und außersprachlichen Mittel des Gespräches noch eigens thematisiert werden, hängt von der noch zur Verfügung stehenden Zeit ab. Möglicherweise kann man die Untersuchung dieser Mittel schon in ein kleines Resümee der Dialoganalyse einmünden lassen. Damit beugt man auch der Gefahr vor, die Sprachanalyse zu sehr von der Untersuchung inhaltlicher Aspekte zu isolieren.
Insbesondere die Reden der Frau Bergmann bieten der Sprachanalyse reichhaltiges Material. Die Schüler werden sicherlich auf deren Formelhaftigkeit und Leere verweisen; sie werden erkennen, daß sie im zweiten Teil des Gespräches nur noch in Regieanweisungen spricht („Ich sage alles"; „Ich will dir erzählen"; „du verstehst mich, Wendla") (30). Schließlich werden sie bemerken, daß sie während der eigentlichen Aufklärungsszene nur noch in unvollständigen Sätzen redet, sich sehr emphatisch gibt und sich laufend wiederholt. Dabei sticht immer wieder das Uneigentliche, Unpersönliche ihrer Rede („man") ins Auge. Hilfreich kann es für diesen Teil der Analyse sein, die Aufmerksamkeit der Schüler auf die Graphik und Interpunktion der Redepassagen der Frau Bergmann zu lenken: Der Satzbau ist hier zerstückelt; es dominieren Auslassungspunkte, Gedankenstriche, Ausrufezeichen – allesamt sprachliche Reflexe ihrer desolaten psychischen Situation, ihrer Borniertheit und Hilflosigkeit.

Phase 4:
Verfremdung durch Komik

Die Untersuchung zu den sprachlichen Aspekten der Redeführung kann zwanglos zu einer letzten Fragestellung überleiten, die aber auch gleichzeitig die bisher gewonnenen Ergebnisse in ein neues Licht stellt. In einem abschließenden Gespräch ist zu klären, welche Absicht der Autor mit der Präsentation dieser Szene verfolgt. Als Ergebnis der Diskussion ist festzuhalten, daß er die Szene durch Komik und Satire verfremdet und damit überhaupt die Erziehungsbemühungen der Frau Bergmann der Lächerlichkeit preisgibt. Lächerlich ist das Mißverhältnis zwischen der pathetischen Gebärde des Enthüllenwollens und dem banalen Verhüllen (durch die Schürze), lächerlich ist der Gegensatz von theatralischem Aufwand und inhaltsleerem Resultat. Je nach Wissensstand der Schüler ist es vielleicht erforderlich, den Begriff der Komik anhand einzelner Beispiele aus der Szene präziser zu definieren.

Hausaufgaben

Die Hausaufgaben sollen die folgende Stunde thematisch und strukturell vorbereiten. Die Schüler lernen hier eine zweite familiäre Konstellation und mit ihr einen neuen Erziehungsstil kennen. Zu diesem Zweck sollen sie den zweiten Teil der Szene II.1 und die Szene III.3 lesen. Anhand ihrer Lektüreerfahrungen sollen sie schriftlich das Erziehungsverhalten der Frau Gabor charakterisieren und erläutern.

9. Stunde: Familiäres Tribunal – Frau und Herr Gabor

Sachanalyse

Der Erziehungsstil der Frau Gabor erscheint auf den ersten Blick liberaler und toleranter als die engstirnigen Erziehungsvorstellungen der Frau Bergmann. Gegenüber deren kleinbürgerlicher Mentalität erweist sie sich als gewandter, weltoffener und gebildeter. Sie sucht das Gespräch mit den Kindern, versteht ihre Sorgen, spricht unvoreingenommen Probleme an, gibt Ratschläge und ist interessiert an dem, was sie in ihrer Freizeit tun. Von einer ansonsten in dogmatischen Erziehungshaltungen befangenen Erwachsenenwelt hebt sie sich deutlich ab. Ihre Erziehungsmethoden sind aufgeklärt. Sie ist nicht bereit, soziale Normen unbefragt hinzunehmen und dogmatisch Verbote auszusprechen. Ihrem Zögling gesteht sie die Möglichkeit eigenverantwortlicher Entfaltung zu. Die pedantisch formalen Ansprüche der Schule weiß sie zu relativieren, zumal wenn die Gefahr besteht, daß durch sie Leben geschädigt wird. Das ist durchaus verwandt mit dem Standpunkt, den die sich um die Jahrhundertwende etablierende Reformpädagogik einnimmt. Ihre liberale Gesinnung tendiert indes nicht zu einem Laissez-fair-Stil, dem alles gleichgültig ist, weil ihm alles gleich gültig ist. So ist es ihr nicht gleichgültig, was ihr Sohn und sein Freund lesen. Auch hier scheint sie besonnen abzuwägen. Dem Eifer der Jungen, mit dem sie ihre „Faust"-Lektüre betreiben, begegnet sie zurückhaltend. Dabei argumentiert sie im Sinne einer entwicklungspsychologisch fundierten Pädagogik für die Altersgemäßheit von Lektüren. Dies alles scheint Frau Gabor zu einer Vertreterin einer modernen liberalen Pädagogik zu machen. Offensichtlich stellt sie ein Musterbild an Toleranz, Offenheit und Flexibilität inmitten einer geistig verschrobenen Erwachsenenwelt dar. Oder?

Der Rezipient wird in seinen optimistischen Erwartungen in bezug auf diese Figur schon bei deren nächstem Auftritt ein wenig enttäuscht. Der Briefmonolog (II.5), eine Art halbierter Dialog, ist zwar immer noch durch den gleichen verständnis- und vertrauensvollen Sprachton charakterisiert. Doch die Eloquenz der Schreiberin täuscht; sie bleibt schöner Schein. Angesichts von Moritz' Lage, die sich erheblich verschlechtert hat – er hat ihr angeblich seine Selbstmordabsichten kundgetan –, wirkt ihr Brief provozierend selbstgefällig. Man fragt sich, weshalb sie nicht als mütterliche Freundin das unmittelbare Gespräch mit Moritz angestrebt hat. In ihrem Brief steckt schon die Distanzierung; er ist selbstgerecht, Apologie ihrer selbst. Das bloße verbale Bekenntnis bleibt fauler Zauber, solange es um die Bereitschaft verkürzt wird, auch aktiv helfen zu wollen, praktische Konsequenzen zu ziehen. Der Sprachduktus des Briefes entzaubert die vorgeblich progressiven Erziehungsansichten dieser Frau, ernüchtert die Zuschauer.

Ein dritter Auftritt Frau Gabors vermag dieses Bild zu differenzieren, deckt die heimlichen Beweggründe ihrer Form von Pädagogik auf. Das Gespräch, das sie mit ihrem Mann führt, rekurriert auf den Tatbestand, daß Melchior von der Schule gewiesen wurde. Es soll über sein weiteres Schicksal entscheiden. Nach dem schulischen und kirchlichen Tribunal folgt nun das familiäre. Noch einmal spielt sich Frau Gabor zum Anwalt ihres Sohnes auf. Sie durchschaut den realen Hintergrund von dessen Verurteilung („Man hatte einen Sündenbock nötig. Man durfte die überall lautwerdenden Anschuldigungen nicht auf sich beruhen lassen") (51), weist die rigiden moralischen Ansprüche ihres Mannes brüsk ab, stellt sogar die Koalitionsfrage. Gleichwohl liegen ihrer Verteidigungsrede auch egoistische Motive zugrunde. Sie werden in dem Augenblick enttarnt, als ihr ihr Mann einen Brief Melchiors vorlegt, der deutlich macht, daß Melchior Wendla geschwängert hat. Man erkennt hier, daß Melchior für seine Mutter lediglich spielerisches Objekt ihrer Bevormundungen war. „Der Kontext läßt erkennen, daß Melchior gegen eine Wunschvorstellung mütterlicher Phantasie verstoßen hat: Frau Gabor verteidigt im Streitgespräch mit ihrem Mann nicht die Triebansprüche des Jugendlichen, sondern ihre Projektion vom Kind als geschlechtsneutralem Wesen." (Roth, 110f.) In dem Maße, wie Melchior eigene Triebansprüche realisiert, also auch praktisch mündig wird, läßt sie ihn fallen. Damit bricht die liberale Fassade ihrer Pädagogik zusammen. Bezeichnenderweise ist sie es, die am Ende, nachdem sie sich am Anfang des Dialogs noch so emphatisch gegen Melchiors Einweisung in die Korrektionsanstalt gewehrt hat, nun diese fordert.

Damit stellt sich die Frage, ob nicht die Grenzen zwischen dem vorgeblich liberalen Erziehungsstil der Frau Gabor und den autoritären Erziehungsmethoden ihres Mannes in diesem Gespräch zu verschwimmen drohen. Herr Gabor, patriarchalisch in seinem Auftreten und apodiktisch in Sprache und Denken („Ihr Frauen seid nicht berufen ..."), spielt von Anfang an die Rolle des Anklägers. Er, im Berufsleben selbst Jurist, deduziert nur noch formalistisch-trocken allgemeine Normen. Er zeigt keine Bereitschaft, das Verhalten seines Kindes zu verstehen und nach Gründen dafür zu forschen. Die Abhandlung seines Sohnes über den Beischlaf kanzelt er im abstrakten Juristenjargon „als exzeptionelle geistige Korruption", als „moralischen Irrsinn" (53) ab. Entsprechend der Arbeitsteilung in der bürgerlichen Familie hat er sich zwar nicht um die Erziehung seines Sohnes gekümmert, doch nun pocht er auf den heiligen Ernst seiner Erziehungsgrundsätze. Er ist ganz Bürokrat, Prototyp einer autoritären Persönlichkeit, Funktionär seiner eigenen Sprache, einer Sprache der Zwänge, der Herrschaft, der unpersönlichen Gewalt. Daß er seinen Sohn mit der Einweisung in die Korrektionsanstalt ins Verderben schickt, legitimiert er fadenscheinig als erzieherische Maßnahme, die zur „Entwicklung einer christlichen Denk- und Empfindungsweise" (55) führe.

Entscheidend ist allerdings Wedekinds Absicht, daß Frau Gabor sich am Ende nicht dem Druck ihres Mannes beugt, darin zeigt sie sich wahrhaft emanzipiert. Sie kann einfach nicht verkraften, daß sich Melchior ihrem Einflußbereich durch die Übernahme eigener Verantwortung entzogen hat. Auch sie will Melchior, ähnlich wie Frau Bergmann ihre Tochter, so behalten, wie sie sich ihn wünscht, nämlich als unschuldiges Kind. „Die Struktur der Szene, insbesondere die unvorbereitete Wendung der Frau Gabor von der Opposition zum Einverständnis, läßt erkennen, daß Wedekind nicht den vordergründigen Autoritätskonflikt im Sinne hat, daß es ihm nicht um die Kritik inhaltlich falscher Erziehungsprinzipien zu tun ist, sondern, weitaus radikaler, um die elterlichen Besitz- und Machtansprüche, die den Jugendlichen die freie Ausbildung persönlicher Identität verweigert, ganz unabhängig davon, ob die elterliche Gewalt sich autoritär oder liberal geriert." (Pickerodt, 24)

Unterrichtsverlauf

Phase 1:
Charakterisierung der Frau Gabor

Der erste Teil der Stunde ist der Vorstellung der Resultate der häuslichen Arbeit zu widmen. Zunächst referieren einzelne Schüler ihre Ergebnisse. Der Lehrer greift dabei zentrale Stichworte aus ihren Darlegungen auf und schreibt sie in Form einer Merkmalsmatrix an die Tafel. Vermutlich werden die Schüler folgende Charakterisierungsmerkmale in bezug auf Frau Gabor nennen: mütterlich, freizügig, partnerschaftlich, lebensbezogen, besorgt, flexibel, einfühlsam, kritisch, gebildet, emanzipiert. Es ist zu erwarten, daß die Skala der von ihnen genannten Merkmale im wesentlichen positiv ausfällt. Dies sollte vom Lehrer nicht kritisiert werden. Falls negative Einschätzungen auftauchen, sollte er sie allerdings auch nicht zurückweisen.

Phase 2:
Liberaler und autoritärer Erziehungsstil

Die positive Wirkung von Frau Gabor läßt sich noch akzentuieren, wenn man ihr Erziehungsverhalten rückblickend mit dem von Frau Bergmann und den Erziehungsmethoden ihres Mannes vergleicht. Durch fragend-entwickelndes Verfahren könnte der Eigenschaftskatalog ergänzt werden. Auch hierbei wird sich zunächst einmal ihr liberaler Erziehungsstil deutlich von den kleinkarierten Erziehungsmethoden der Frau Bergmann und dem Dogmatismus ihres Mannes abheben lassen. Gerade dieser – das werden die Beiträge der Schüler zeigen – ist in seinen Erziehungsmethoden formal, abstrakt, autoritär, normengebunden, repressiv, auf Sanktionen ausgerichtet.

Phase 3:
Pervertierte Gerichtsverhandlung

Dennoch, die Matrix bedarf als vorläufige Hypothese nochmals der genauen Prüfung am Text. Besonders der liberale Erziehungsstil der Frau Gabor ist, wenn dies von den Schülern noch nicht geleistet worden ist, zu relativieren, ist als scheinhaft zu entlarven. Zu diesem Zweck ist das Gespräch zwischen Herrn und Frau Gabor in III. 3 genau zu untersuchen. Dies soll in Partnerarbeit geschehen. Die Aufgabe für die Schüler besteht darin, die Positionen, die die Gesprächspartner im Laufe des Dialogs vertreten, nachzuzeichnen und ihre gemeinsame Entscheidung, Melchior in die Korrektionsanstalt zu schicken, zu erläutern. Dabei sind folgende Ergebnisse zu erwarten:

a) Die Szene ist als Gerichtsszene angelegt. Frau Gabor übernimmt in dem Dialog zunächst die Rolle des Verteidigers, ihr Mann fungiert als Ankläger.

b) Als Anwalt ihres Sohnes durchschaut Frau Gabor den Manipulationsversuch der Schule, Melchior zum Sündenbock abzustempeln. Dagegen verwahrt sie sich. Zudem betont sie die Unverhältnismäßigkeit der von ihrem Mann geforderten Strafe. Melchiors Handlung ist für sie kein Verbrechen, sondern allein „der eklatanteste Beweis für seine Harmlosigkeit, für seine Dummheit, für seine kindliche Unberührtheit“ (53). Dafür will sie Verantwortung tragen, weil mit ihrem Sohn auch ihre Erziehungsideale auf dem Spiel stehen. Dafür will sie sogar die Trennung von ihrem Mann in Kauf nehmen.

c) Für Herrn Gabor steht schon vor Gesprächsbeginn die Verurteilung seines Sohnes fest. Zunächst klagt er diesen allerdings nur indirekt an, indem er die Erziehungsmethoden seiner Frau grundlegend kritisiert. Ohne nach Beweggründen für das Verhalten seines Sohnes zu suchen, ohne seine Frau als gleichwertige Gesprächspartnerin zu akzeptieren („Ihr Frauen seid nicht berufen, über solche Dinge zu urteilen“) (52), bestätigt er im Juristenjargon, dessen hochgestochene Begrifflichkeit schon fast karikaturistische Züge annimmt, seinen vorgängigen Urteilsspruch. Als die Rede nicht die erwünschte Wirkung auf seine Frau zeitigt, ja, deren Widerstand nur noch verstärkt, bringt er einen neuen Anklagepunkt ins Spiel, der schließlich die Position seiner Frau erschüttert.

d) Der abschließende Urteilsspruch der Frau Gabor signalisiert weniger ein Einverständnis mit der Position ihres Mannes als vielmehr das Eingeständnis einer persönlichen Niederlage, ihren Sohn nicht mehr als Objekt ihrer Idealvorstellungen, als schöne, unschuldige Seele zu besitzen.

Phase 4:
Egoismus der Frau Gabor

Die von den Schülern referierten Resultate der Partnerarbeit sind vom Lehrer aufzugreifen. Auf ihrer Grundlage ist ein Tafelbild zu entwickeln. Dieses sollte die einzelnen im Gespräch vertretenen Positionen chronologisch wiedergeben. Nur so können der Bruch in der Argumentation und die Entscheidung der Frau Gabor sinnfällig gemacht werden. Möglicherweise werden die Schüler die überraschende Wendung der Frau Gabor nicht verstehen. Hier wird viel von der Fragetechnik des Lehrers abhängen, die Bedeutung, die der Briefinhalt für sie besitzt, zu erläutern und damit die egoistischen Motive ihres Erziehungsstiles offenzulegen. Reichen diese Erklärungen nicht aus, dann ist auf die entlarvende Aussage des vermummten Herrn am Ende des Stückes zu verweisen: „Dein Vater sucht Trost zur Stunde in den kräftigen Armen deiner Mutter.“ (67) Frau Gabor hat offensichtlich ein neues Objekt gefunden. Ihre gänzlich unplatonische Verbindung mit ihrem Mann („In den kräftigen Armen“) ist nicht nur höhnischer Reflex der neuen Besitzverhältnisse, sondern besiegelt die endgültige Trennung von ihrem Sohn, der ihr nicht mehr willfährig ist.

Phase 5:
Eltern – Jugendliche

Den Schluß der Stunde könnten eine kurze Zusammenfassung und Wertung der im Stück vorgestellten familiären Beziehungsmuster bilden. Dies kann in Gesprächsform geschehen. Dabei müßte deutlich werden, daß die Jugendlichen von ihren Eltern im Stich gelassen werden. Diese zeigen kaum Verständnis für die Probleme ihrer Kinder. Sie sind intolerant und verlogen, teils borniert, teils autoritär.

Ergänzung

Falls die Zeit ausreicht, können im Anschluß an Phase 4 noch zwei weitere, und zwar extreme familiäre Erziehungskonstellationen kurz angesprochen werden: die um Moritz und Martha zentrierten. Im ersten Fall nimmt das Verhältnis des Vaters zu seinem Sohn absurde Formen an. Rentier Stiefel, der sich durch den Selbstmord seines Sohnes kompromittiert fühlt, leugnet schlechterdings seine biologische Vaterschaft und diskriminiert damit seine Frau. Der zweite Fall sticht durch seine besondere Brutalität hervor: Martha beschreibt ihren Freundinnen, wie sie durch sadistische Eltern unterdrückt und mißhandelt wird. Diese Fälle komplettieren das Bild einer eigensüchtigen, lieblosen Elterngeneration.

10. Stunde: Aufklärung – Sexualpädagogik Wedekinds

Sachanalyse

Der zu analysierende Text Wedekinds stellt einen Ausschnitt aus einem Vortrag (vgl. Materialien, 15) dar, den der Autor am 10. November 1910 im Berliner Verein „Pan“ als Einleitung zur Lesung seines Dramas „Tod und Teufel“ gehalten hat; kurz zuvor war er als Aufsatz in der Halbmonatsschrift „Pan“ publiziert worden. Der gleiche Essay bildet später unter dem Titel „Über Erotik“ die Einleitung zu seiner Erzählanthologie „Feuerwerk“.
Vier Jahre nach der Uraufführung von „Frühlings Erwachen“ beschäftigt sich Wedekind in seinem Beitrag mit dem Problem der sexuellen Aufklärung von Jugendlichen. Wenn man so will, stellt dieser also eine Art theoretisches Gegenstück zum Drama vor. Die Ausführungen in diesem Text sind vor dem Hintergrund der allgemeinen zeitgenössischen Auffassung zum Phänomen der Erotik zu sehen. Diese legt er in einem hier nicht abgedruckten Vorspann zum Text dar. Dort wird deutlich, daß er den seit Jahrhunderten historisch manifesten Gegensatz von Körper und Seele, Fleisch und Geist, schlechterdings ablehnt. Solche Trennung, die seiner Meinung nach geradewegs einherging mit der Entwürdigung des Fleisches, ist ihm zu abstrakt, entspricht auch nicht der gesellschaftlichen Praxis. Allzuhäufig hat das Fleisch seine Überlegenheit gegenüber dem Geist bewiesen, mit ihm gespielt. Deshalb betont er, daß das Fleisch seinen eigenen Geist habe, eben das besitze, was man gemeinhin als Erotik bezeichne. Diesen Geist des Fleisches anzuerkennen bedeutet für ihn, den ersten Schritt in Richtung Emanzipation zu gehen. Vor diesem Horizont will er die folgenden Ausführungen verstanden wissen.
Ganz in diesem Sinne insistiert er zu Beginn seiner Darlegungen darauf, daß Prozesse in der Natur, also auch sexuelle Praktiken und Vorgänge, nicht der moralischen Wertung unterliegen, sondern nur nach ihrer Nützlichkeit zu beurteilen sind. Die Jugend über dieses soziale Axiom aufzuklären, darin sieht er die primäre Aufgabe familiärer Erziehung. Dabei warnt er davor, in der Erziehung der Jugendlichen deren Erfahrungen von Sexualität zu verdrängen. Das gravierendste Versäumnis von Familie und Schule besteht seiner Meinung nach darin, das sexuelle Eigenleben der Jugendlichen geleugnet und die Jugend in Fragen der Sexualität systematisch zur Dummheit und Blindheit erzogen zu haben. Wedekind führt solche Unterlassungssünden gegenüber den Jugendlichen auf das Unvermögen der Eltern und der Ehepartner zurück, bereitwillig und tolerant über Probleme der Sexualität zu kommunizieren. Diese behandeln Sexualität wie ein Tabu, wie etwas, worüber man in der Öffentlichkeit nicht spricht.
Die Gründe dafür, so meint der Autor, liegen in dem möglichen Konfliktpotential, das solchen familiären Gesprächen über Sexualität innewohnt. Hier drohen Verletzungen, Bloßstellungen, Beleidigungen und Unterstellungen. Und diesen wolle man aus dem Weg gehen, ohne zu sehen, daß gerade ein solches Versäumnis häufig die Ursache für das Scheitern der Ehe und das Auseinanderleben der Familie sei. Gerechtfertigt werden diese Empfindlichkeiten und Heimlichkeiten mit einer Auffassung von Scham, die nicht als angelernte Haltung begriffen, sondern zur Natur verklärt wird. Die Denkbewegung, die nach Wedekinds Meinung dahintersteckt, ist zirkulär: Es ist ungehörig, über den Ursprung der Familiengemeinschaft zu sprechen, weil es unanständig ist.

Gegen solche falsche Scham und gegen die doppelbödige Moral derjenigen, die die freie Unterredung über Sexualität ausschlagen, aber dennoch nach Wegen und Abwegen suchen, ihre eigenen Triebansprüche, und sei es im Lasziven und Zotigen abzureagieren, fordert Wedekind das vorurteilslose Gespräch der Eltern mit den Heranwachsenden, damit sie sich in ihren Beziehungen zueinander erkennen mögen. Für ihn ist die Sexualität neben dem Broterwerb das wichtigste Gebiet im menschlichen Dasein. Damit greift er auf den materialistischen Ansatz zurück, den Marx/Engels gut ein halbes Jahrhundert vorher in ihrer Schrift „Die deutsche Ideologie" unter geschichtsphilosophischen Prämissen entwickelt haben. Neben der Produktion des eigenen Lebens durch die Arbeit existiert, so formulieren sie, ein weiteres, nämlich „daß die Menschen, die ihr eigenes Leben täglich neu machen, anfangen, andere Menschen zu machen, sich fortpflanzen – das Verhalten zwischen Mann und Weib, Eltern und Kindern, die *Familie*." (Marx/Engels, 28f.)

Unterrichtsverlauf

Phase 1:
Überwindung des Körper-Geist-Dualismus'

In einigen einleitenden Sätzen bezeichnet der Lehrer kurz den Stellenwert dieses Textes innerhalb der Sequenz. Darüber hinaus skizziert er dessen Entstehungsbedingungen. Er informiert die Schüler über die Entstehungszeit, den Anlaß und den medialen Ort dieses Aufsatzes. Da der Text unvollständig abgedruckt ist, kann er knapp über die Passagen referieren, die dem Textausschnitt vorausgehen. Dabei muß er den Ausgangspunkt der Wedekindschen Argumentation, den Körper-Geist-Dualismus, herausarbeiten und das Bestreben des Verfassers deutlich machen, den Dualismus dadurch zu überwinden, daß er dem Körper selbst eine Art Geistigkeit zugesteht. Um den Schülern die Brisanz dieses Ansatzes vor Augen zu führen, ist etwa an die feste Verankerung dieses Gegensatzes in der Geschichte des Christentums zu erinnern.

Phase 2:
Spontane Reaktionen auf den Text

Der Lehrer bittet einen Schüler, den Text langsam vorzulesen. Nach dem Vorlesen äußern sich die Schüler spontan zum Inhalt und unter Umständen auch zur Form des Textes. Da der Text in allgemeinverständlicher Form geschrieben ist, ist nicht damit zu rechnen, daß sie Verständnisfragen stellen. Sicherlich werden sie Beiträge zum Problemansatz und zur Problemlösung des Autors, zu den Inhalten seiner Kritik und zu den Konsequenzen, die er daraus zieht, formulieren. Vielleicht werden sie sogar in einer ersten kritischen Würdigung des Aufsatzes an seiner Formulierung Anstoß nehmen, die Verdummung der Jugend in sexuellen Dingen sei ein „wahnwitziges Verbrechen" der älteren Generation. Möglicherweise ziehen sie auch schon Querverbindungen zum Stück. Ob schon Bemerkungen zur sprachlichen Gestalt des Textes kommen, etwa die, daß der Verfasser seine Ansichten im ungezwungenen Plauderton vorträgt, bleibt abzuwarten.
Dieser Spontanphase ist reichlich Raum zuzugestehen; sie ist erst dann zu beenden, wenn die Beiträge der Schüler sich zunehmend vom Text entfernen.

Phase 3:
Argumentationsgang des Autors

Nach der Spontanphase ist eine Stillarbeitsphase einzurichten. Allen Schülern sollte damit Gelegenheit gegeben werden, sich noch einmal intensiv mit dem Text auseinanderzusetzen, d. h. sich zu sammeln und ihre Aufmerksamkeit auf den sicherlich nicht einfach herauszulösenden Argumentationsgang des Autors zu richten. Dieser ist von ihnen durch Unterstreichungen und Notizen so zu rekonstruieren, daß Problemformulierung, Thesen, Argumente (mögliche Kritik) und Problemlösung in ihrem sachlogischen Zusammenhang durchsichtig werden. Dabei gilt es im einzelnen zu berücksichtigen:
a) Die Institution der Familie, nicht die Schule ist zuständig für die sexuelle Aufklärung der Jugendlichen.
b) Die Erklärung von Sexualität ist von moralischen Vorurteilen und Mythenbildungen zu befreien. Diese blockieren den Aufklärungsprozeß.
c) Konflikte in der Ehe resultieren häufig aus dem Unvermögen der Beteiligten, ihre sexuellen Probleme unvoreingenommen zu klären.
d) Das offene Gespräch der Eltern mit der jüngeren Generation über sexuelle Vorgänge trägt auch zur Erläuterung des körperlichen Verhältnisses der Ehepartner bei.

Phase 4:
Kritische Würdigung

Die Vorstellung der Thesen des Verfassers kann zwanglos in ein Gespräch einmünden, in dem deren Plausibilität und Stichhaltigkeit überprüft werden. Grundsätzlich werden die Schüler den Ansichten des Verfassers folgen. Offenheit, Vorurteilslosigkeit, Wahrheit, alles das erwarten sie sicherlich von einer verantwortungsbewußten Sexualpädagogik. Allerdings bleibt abzuwarten, ob sie bereit sind, die von Wedekind fast emphatisch vorgetragene These von der Dominanz des Sexuellen im Leben zu teilen, eine Radikalauffassung, der jedes Versäumnis, jedwede Lüge in Fragen sexueller Aufklärung schon zum „massiven Verbrechen" gerät.

Phase 5:
Drama – Aufsatz

Um die Stunde nicht allein zu einem Diskurs über Fragen sexueller Aufklärung ausufern zu lassen, sind in einem letzten Schritt, und zwar durch fragend-entwickelndes Verfahren, Problemformulierung und Thesen des Verfassers an das Stück rückzubinden, nach Gemeinsamkeiten und Unterschieden zwischen beiden Texten zu fragen. Die Schüler werden vermutlich die größere Anschaulichkeit des Stückes gegenüber dem Essay herausstellen und dabei klarmachen, daß es in diesem nicht nur um Probleme sexueller Aufklärung geht: „Frühlings Erwachen" ist kein Lehrstück über Sexualität und Aufklärung. Im Gegensatz zum Drama ist der Aufsatz programmatischer gehalten. Zeigt das Stück nur noch Auswirkungen und Konsequenzen, eben die Opfer einer verlogenen Moral, so bietet der Aufsatz diagnostische und therapeutische Möglichkeiten an, um familiäre Probleme aufzuklären und zu bewältigen. Wirbt Wedekind in seinem Stück um Verständnis für die Probleme der heranwachsenden Jugend, so propagiert er im Aufsatz eine neue Moral.

Hausaufgaben

In der folgenden Stunde wird das Verhältnis der Jugendlichen zur Schule untersucht.

Die Aufgabe ist so anzulegen, daß die Schüler bei ihrer Bewältigung einen ersten Zugriff zum anstehenden Problembereich gewinnen, d. h. schon einzelne Interessen und Erwartungen in bezug auf dessen Bearbeitung entwickeln und dadurch den Stundenverlauf aspektorientiert vorstrukturieren. Sie sollte aus zwei Teilen bestehen: Der erste dient der Intensivierung der Textlektüre, d. h. die Schüler sollen zunächst die Textausschnitte des Stückes, in denen die schulische Wirklichkeit dargestellt, reflektiert und kritisiert wird, zusammenstellen und genau durchzulesen. Der zweite Aufgabenteil könnte für sie darin bestehen, während bzw. nach der Lektüre etwa fünf Leitfragen zum Problemfeld der Schule zu formulieren, um der späteren Analyse und Diskussion dieser Textstellen einzelne Orientierungspunkte zu geben. Damit ist auch gewährleistet, daß sie in diesem ersten Zugriff ihr latentes Verstehen der Textstellen ausdrücken und aus ihrer Sicht die Probleme des Textes akzentuieren, die sie aus ihrem eigenen Erfahrungshorizont kennen bzw. für wichtig halten.

III. Sequenz: Schulische Erziehung

11./12. Stunde: Die Schule aus der Sicht der Jugendlichen

Sachanalyse

Die dramaturgische Aufarbeitung der Schulprobleme der Jugendlichen im Stück, ihrer Unterdrückung, Frustrationen und Ängste, ist im Zusammenhang mit den sozialen und schulpolitischen Verhältnissen um 1890 zu sehen.

Konstitutiv für das Bildungssystem der Wilhelminischen Zeit ist das dreiteilige Schulsystem: Volksschule, Realschule (Höhere Bürgerschule) und Gymnasium (Realgymnasium, Oberrealschule). Dabei muß berücksichtigt werden, daß der unteren Schicht, den Kindern von Arbeitern und kleinen Handwerkern, aufgrund der eingeschränkten materiellen Lebensverhältnisse der Zugang zu weiterführenden Schulen zumeist verschlossen war. Den Anspruch auf höhere gymnasiale Bildung konnten sich im allgemeinen nur gutsituierte bürgerliche, großbürgerliche und adelige Schichten leisten. „Daß ich nach der Volksschule“, so schreibt z. B. Stefan Zweig in seiner Autobiographie „Die Welt von gestern. Erinnerungen eines Europäers“ (1942), „auf das Gymnasium gesandt wurde, war nur eine Selbstverständlichkeit. Man hielt in jeder begüterten Familie schon um des Gesellschaftlichen willen sorglich darauf, ‚gebildete‘ Söhne zu haben; man ließ sie Französisch und Englisch lernen, machte sie mit Musik vertraut, hielt ihnen zuerst Gouvernanten und Hauslehrer für gute Manieren. Aber nur die sogenannte ‚akademische‘ Bildung, die zur Universität führte, verlieh in jenen Zeiten des ‚aufgeklärten‘ Liberalismus vollen Wert; darum gehörte es zum Ehrgeiz jeder ‚guten‘ Familie, daß wenigstens einer ihrer Söhne vor dem Namen irgendeinen Doktortitel trug.“ (Zweig, 44) Es ist hier sicherlich unerheblich, daß sich Zweig auf die Bildungsverhältnisse des Wiener Bürgertums bezieht. Diese sind von denen in der Schweiz oder im Deutschen Reich kaum unterschieden.

Dennoch überbewertet er hier offensichtlich bürgerliches Bildungs- und Reputationsdenken. Die fortschreitende Industrialisierung, der ökonomische Aufschwung, die Konzentration des Kapitals etc. bedingten gesamtwirtschaftlich gesehen die Forderung nach höherer Qualifikation. Unter diesen Voraussetzungen ergaben sich neue bildungspolitische Konstellationen. So geriet das Schulsystem immer stärker unter das Diktat eines Leistungsdenkens, das von wirtschaftlichen Erfordernissen bestimmt war. Damit erhielt insbesondere der Besuch weiterführender Schulen einen neuen gesellschaftlichen Stellenwert. Die Position in der sozialen Hierarchie bzw. der Zugang zu den besseren Arbeitsplätzen wurden in zunehmender Weise abhängig von schulischen Qualifikationen. Die Schule vergab Lebenschancen. Weite Kreise des mittleren Bürgertums und des Bildungsbürgertums waren darauf bedacht, ihren Kindern durch den Besuch einer Höheren Schule einigermaßen günstige Voraussetzungen dafür zu schaffen, den sozialen Status zu erhalten oder unter Umständen zu verbessern. Dies hatte zur Konsequenz, daß schon in den achtziger Jahren die typischen akademischen Karrieren überfüllt waren (vgl. Kraul, 102). Hinzu kam die sich fortwährend verschärfende Konkurrenz unter den einzelnen gymnasialen Schultypen, insbesondere die zwischen humanistischen und realwissenschaftlichen. Der Selektions- und Rivalitätsdruck, unter dem die Schulen standen, wurde von ihnen an die Schüler in Form höherer Leistungsanforderungen konkret weitergegeben, wobei man nicht sagen kann, daß diese letztlich der gesellschaftlichen Praxis zugute kamen.

Die Konsequenzen daraus sind bekannt; sie sind in Wedekinds Stück und überhaupt in der Schulliteratur der Zeit aufgearbeitet: stoffliche Überbürdung des Unterrichts, Unterdrückung, Leistungsdruck, Schulangst, Konkurrenz unter den Schülern, gestörte Lehrer-Schüler-Beziehungen. Es ist kaum verwunderlich, daß Eltern und Lehrer der Schüler unter diesen Voraussetzungen nur selten in Opposition zueinander traten. Besonders die bürgerlichen Eltern, die um ihr eigenes Prestige und um die Karriere ihrer Kinder fürchteten, steigerten durch Restriktionen und Sanktionen deren Notsituation, ja, verschärften diese sogar soweit, daß einzelne von ihnen den letzten Ausweg nur noch im ‚Freitod' sahen.

Für Wedekind lassen sich solche Machtverhältnisse nicht mehr ästhetisch durch einen Dramentypus bewältigen, in dem der Konflikt zwischen Personen, Personengruppen und Ideenträgern eine herausragende Rolle spielt. Von einer Auseinandersetzung bzw. einem Kampf zwischen Eltern/Lehrern einerseits, Kindern andererseits, überhaupt von einem Generationenkonflikt, kann in Wedekinds Stück kaum gesprochen werden. Hier treten nicht gleichberechtigte Kommunikationspartner auf, die in ihren Gesprächen untereinander Probleme dialektisch entfalten und argumentativ zu lösen versuchen. Hier prallen auch nicht Gegner aufeinander, die einen Kampf auf Leben und Tod austragen. Diese Konfliktsituationen setzen bei aller Gegensätzlichkeit der in ihnen opponierenden Protagonisten immer noch eine Verständigungs- und Verstehensebene voraus, an der die Dialoge und Verhaltensweisen der Personen orientiert bleiben und die sie beide miteinander vermitteln. Dies gilt indes nicht mehr für die dialogische Gestaltung des Wedekind-Stückes. Die Situationen, in denen Eltern und Kinder jeweils allein agieren, laufen häufig parallel zueinander. Nur in wenigen Szenen des Stückes (I,1; II,2; III,1; III,2; III,5) treten Erzieher und Kinder gemeinsam auf. Allerdings, auch in diesen Szenen kommt es nicht zur Konfrontation, weil die Gesprächsteilnehmer kaum gleichwertige kommunikative und soziale Voraussetzungen mitbringen, kaum aufeinander Bezug nehmen und häufig aneinander vorbeireden.

Unterrichtsverlauf

Phase 1: Schlüsselfragen zur Schulproblematik

Bevor die Resultate der Hausaufgaben von den Schülern referiert und diskutiert werden, ist zumindest ansatzweise auf die Bedeutung und Funktion der Thematik der schulischen Erziehung für die Gesamtproblematik des Stückes einzugehen. Dies könnte zu Beginn der Stunde in einer Art Spontanphase geschehen. Dabei sollte den Schülern Gelegenheit gegeben werden, ihre Erwartungen bzw. ihr Vorverständnis in bezug auf diesen Themenkomplex zu formulieren. Es ist durchaus möglich, daß sie in ihren Ausführungen an den zuvor erörterten Problemkomplex der familiären Erziehung anknüpfen und die in dieser Sequenz erarbeiteten Ergebnisse als Transmissionsriemen bei der Erfassung des neuen Problembereiches verwenden. In jedem Fall ist diese Gestaltung eines Erwartungs- und Verstehensrahmens als erster Orientierungsversuch aufzufassen, der am Ende der Sequenz, wenn nach der Textarbeit ein Resümee formuliert werden soll, wieder aufgegriffen wird.

Danach sollten mehrere Schüler die Ergebnisse ihrer Hausarbeit vorstellen. Erwartet werden kann zunächst eine kurze numerische und inhaltliche Kennzeichnung der einzelnen Textbelege. Im Anschluß daran könnten die Schüler die Leitfragen, die sie entwickelt haben, im Plenum vorstellen. Folgende Fragestellungen sind in etwa zu erwarten: Welche Schulprobleme werden von den Jugendlichen im Stück angesprochen? Welche Rolle spielt die Schule für die Schüler in ihrem Alltagsleben? Wie werden die Lehrer von den Schülern gesehen? Nach welchen Kriterien beurteilen die Lehrer ihre Schüler? Welche Wirkungen übt die Schule auf die Jugendlichen aus? Wie wird die Schule dargestellt? Welche Auffassung vertritt der Autor in bezug auf die schulischen Erziehungspraktiken? Dieser Fragenkatalog könnte bei seiner Vorstellung und anschließenden Diskussion nochmals erweitert und modifiziert werden. Es ist wichtig, daß die Schüler diese Fragen möglichst ausgiebig erörtern. Nur so ist sichergestellt, daß sie sich als gleichberechtigte Gesprächspartner begreifen, die ihre Verstehensansätze als eigenwertige akzeptiert wissen.

Phase 2:
Gliederung der Textbelege nach dramaturgischen Gesichtspunkten

Die Diskussion wird dann fast zwanglos zu der Einsicht führen, daß die entsprechenden Fragestellungen genauer am Textmaterial überprüft werden müssen. Dabei wird sich dann auch zwangsläufig die Frage stellen, in welcher Weise das Textangebot für die Unterrichtsarbeit am günstigsten aufbereitet werden kann. Eventuell hat der Lehrer hier kleine Hilfestellungen zu leisten und in fragendentwickelndem Verfahren Strukturierungsvorschläge zu erarbeiten. Eine sukzessive Behandlung der Textstellen verbietet sich, da diese zuviel Zeit kosten würde und für den Schüler auch zu monoton wäre. Vorteilhaft ist es, ein die einzelnen Textbelege übergreifendes Systematisierungskonzept zu erstellen. Unter Umständen kann dieses sogar anhand der Leitfragen entwickelt werden. Wenn dies nicht möglich ist, dann sind vom Lehrer zwei für die Dramenanalyse konstitutive Arbeitsbegriffe einzuführen und (durch ein Tafelbild) zu erläutern:

1. die direkte, explizite, narrative Charakterisierungsform;
2. das indirekte, implizite, szenische Verfahren der Charakterisierung.

Dabei bezeichnet die erste Form eine Charakterisierungsmöglichkeit, die Ergebnisse, Personen und Sachverhalte in ihrer Abwesenheit beschreibt und beurteilt, die zweite hingegen ein Verfahren, das Charakterisierungsmerkmale aus der Selbstbeobachtung, aus der Anschauung gewinnt. Hier erfährt man nichts aus zweiter Hand über einen Sachverhalt bzw. über eine Person, hier stellt sich der Sachverhalt bzw. die Figur selbst dar.

Anhand dieser begrifflichen Differenzierung sollen die Schüler das Textangebot in zwei Textbereiche gliedern; in den meisten Textausschnitten (I.2; I.4; II.1; III.2) werden Schule, Lehrer und Erziehung von den Jugendlichen direkt charakterisiert. Immer wieder kommentieren und bewerten sie schulische Erziehungspraktiken. Sie erinnern sich angstvoll an überstandene Schulprobleme, drücken ihre gegenwärtigen Frustrationen und Sorgen aus und befürchten Repressionen für die Zukunft.

Dem stehen ein großer, d. h. eine ganze Szene umfassender Textbereich und eine sehr kleine Textstelle gegenüber (III.1; Ende I.4). Hier stellt sich die Institution Schule anhand ihrer Vertreter selbst vor. Diese charakterisieren sich indirekt durch das, was sie sagen, und durch die Art, wie sie sich verhalten.

Phase 3:
Das Verhältnis der Jugendlichen zur Schule

Ist das Textangebot in dieser Weise dramaturgisch differenziert, so ist es nun möglich, in Gruppenarbeit die einzelnen Textstellen analysieren zu lassen. Zunächst sollten die Textbelege erörtert werden, in denen die Schule explizit von den Jugendlichen gekennzeichnet wird. Das bietet sich einmal vom Verlauf des Stückes her an, hat aber auch insofern eine Berechtigung, als Wedekind darauf verzichtet, eine Unterrichtsstunde dramaturgisch zu gestalten, und lediglich die Jugendlichen als die Betroffenen zeigt, eine Einschränkung, die zu verstehen ist, weil der Autor keine profunde Schulkritik leisten, sondern die psychischen und sozialen Probleme der Heranwachsenden, zu denen natürlich auch Schulschwierigkeiten zählen, deutlich machen will.

Um die Textbasis nicht zu schmal zu machen, erscheint es sinnvoll, zwei Textbereiche an jeweils eine der Arbeitsgruppen zu delegieren. Zusammengefaßt werden sollten die Textstellen I,2 und I,4 sowie die szenischen Beispiele II,1 und III,2. In diesem Zusammenhang könnte man nochmals auf die Leitfragen rekurrieren, die die Schüler in ihren Hausarbeiten formuliert haben und die im Unterricht schon ansatzweise diskutiert worden sind. Zwei Fragen könnten als Arbeitsaufträge fungieren:
a) Welche Schulprobleme sprechen die Jugendlichen an?
b) Wie sehen sie die Schule und ihre Vertreter?
Nach der Gruppenarbeit sollte jeweils einem Vertreter der Gruppe Gelegenheit gegeben werden, die Ergebnisse der Gruppendiskussion zu referieren. Das Referat sollte nach Maßgabe durch Beiträge der anderen Gruppenmitglieder ergänzt und vertieft werden. Analog zu den Fragen ergeben sich zwei Teilbereiche innerhalb der Phase.

Phase 3a:
Schulprobleme der Jugendlichen

Im Referat der ersten Teilgruppe müßte deutlich werden, daß die alltäglichen Sorgen der Jugendlichen primär um die Bewältigung der Hausaufgaben zentriert sind. Diese werden als störend, fremd, belastend, ja als sinnlos empfunden. Die von ihnen stichwortartig genannten Hausaufgaben „Zentralamerika! – Ludwig der Fünfzehnte! – Sechzig Verse Homer! – Sieben Gleichungen!“ (6) lassen auf die Unterrichtspraxis, ihre Inhalte, Methoden und Ziele rückschließen. In ihnen scheint es im wesentlichen um die Vermittlung von Stoffmassen, die von den Jugendlichen kritiklos einregistriert werden sollen, und nicht um die Formulierung und Lösung von Problemen zu gehen. Diese Lernstoffe sind immer schon Resultate künstlicher Arbeits- und Fächerteilung; sie sind partialisiert, heterogen, abstrakt, lebensfremd; sie stiften keine Zusammenhänge, Sinn- bzw. Zweckfragen sind ihnen gegenüber nicht angebracht, sind sicherlich auch nur schwerlich zu stellen. Weil die Jugendlichen sie nicht auf ihre Lebenswelt zu beziehen vermögen, können sie mit ihnen auch nichts anfangen, geschweige denn sich mit ihnen identifizieren. Diese Lerninhalte müssen stumpfsinnig, mechanisch von ihnen memoriert bzw. nach vorgegebenen Regeln bearbeitet werden. Die Entwicklung persönlicher Initiativen bzw. spontanes, schöpferisches Lernen sind nicht gefragt. Daher begreifen sich die Jugendlichen auch selbst als Opfer; passiv und wehrlos empfinden sie sich bar jeder Menschlichkeit. Der Status des Arbeitstieres erscheint ihnen angenehmer zu sein als ihr schulisches Dasein, dem sie weder psychisch noch physisch entrinnen können.

Daß solche Bedingungen Konkurrenzdruck und mißgünstiges Verhalten erzeugen, somit das Vertrauensklima zwischen den Jugendlichen erheblich verschlechtern, müßte von der ersten Arbeitsgruppe detailliert anhand des Schülergespräches in I.4 aufgezeigt werden. Im Hinblick auf diese Szene sollte allerdings auch dargestellt werden, in welcher Weise sich der schulische Erfolg bzw. Mißerfolg in der Psyche der Jugendlichen niederschlägt, ja mit welchen radikalen existentiellen Konsequenzen er verbunden sein kann.
Da die existentiellen Aspekte, ein mögliches Schulversagen, insbesondere von Moritz angedeutet werden – er spricht von Selbstmord –, erscheint hier die Gelegenheit günstig, die Gruppe(n), die sich mit dem zweiten Textkomplex beschäftigt hat (haben), stärker in die Unterrichtsarbeit einzubinden. Dies ist deshalb zweckmäßig, weil die in I.2 und I.4 zunächst kollektiv formulierte Frustration gegenüber der Schule sich mit der Darstellung der Probleme Moritz' auf dessen individuelle Situation verschiebt.

Die sich allmählich aus dem Kollektivstrang herauskristallisierende persönliche Notsituation Moritz' wird dann punktuell in II.1, also der zentralen Textstelle der anderen Gruppe(n), aufgegriffen und grell beleuchtet. Die Gruppe(n) wird (werden) am Einzelfall von Moritz die Ergebnisse der ersten Gruppe(n) bestätigen und verdeutlichen können: Die Formalisierung der Lehrstoffe, der immense Leistungsdruck, der gerade für ihn über die Grenzen des Zuträglichen geht, die Konkurrenz unter den Klassenkameraden, das sind die entscheidenden Motive, die der Autor nochmals in der Figur des Moritz spiegelt und konkretisiert.

Phase 3b:
Schule und Lehrer aus der Sicht der Jugendlichen

Das, was solches entfremdetes Lernen noch nicht ausgelöscht hat, ist das wenngleich schon erheblich reduzierte Vermögen der Jugendlichen, ihre ausweglose Situation darzulegen und die institutionellen Bedingungen, die solche Entfremdung verursachen, zu erkennen. Es sollte bei der Vorstellung der Ergebnisse durch die erste Arbeitsgruppe, die zunächst referiert, klar werden, daß der von den Jugendlichen beklagte Leistungsdruck systematisch von oben produziert und dieser Zusammenhang von ihnen als solcher auch durchschaut wird. Dies müßten sie insbesondere an den Äußerungen von Moritz in I.2 und I.4 zeigen. In ihnen wird das System der Schule als einer unmenschlichen Examinieranstalt auf den Nenner gebracht. Der Zweck des Schulbesuches besteht für sie darin – das ist der von Moritz herausgefundene verhängnisvolle Zirkel –, daß man examiniert wird. Und eine solche Prüfung diene, so schließt er, wiederum zu nichts anderem, als die Schüler durchfallen zu lassen, also als Selektiv, um bestimmte organisatorische Bedingungen zu erfüllen.

Die zweite Teilgruppe ergänzt und differenziert diese Ergebnisse anhand ihrer Beobachtungen zu II.1. Hier müßte deutlich werden, daß die Lehrer von den Jugendlichen nur als Vertreter ihrer Lehrinhalte gesehen werden. Sie funktionieren, ohne die seelischen Belastungen ihrer Schüler zu begreifen. Besonders auf eine Äußerung Melchiors, die das unmenschliche Verhalten Sonnenstichs angesichts des Todes eines Mitschülers charakterisiert (vgl. 25), sollten die Referenten in diesem Zusammenhang verweisen.

Phase 4:
Die Entfremdung zwischen den Jugendlichen und der Schule

Es ist sinnvoll, die Resultate der Gruppenarbeit und deren Auswertung im anschließenden Gespräch zu resümieren und übersichtlich an der Tafel durch ein Schaubild festzuhalten. Dies müßte die Entfremdung zwischen Jugendlichen und Schule sowie die schulische Überforderung der Jugendlichen veranschaulichen. Damit ist es möglich, den Lernerfolg der Schüler zu überprüfen. Falls noch Zeit zur Verfügung steht, bietet sich folgender Exkurs an.

Exkurs:
Der Fall Moritz

Da die Schulproblematik im wesentlichen anhand von Moritz aufgezeigt wurde, empfiehlt es sich, seinen Fall, insbesondere die Gründe für seinen Selbstmord, in diesem Kontext zu beurteilen und zu erörtern. Dies kann auf der Grundlage des erarbeiteten Tafelbildes geschehen. Dabei müßte deutlich werden, daß der erhebliche Leistungs- und Konkurrenzdruck, der auf den Jugendlichen lastet, fast zwangsläufig bei sensiblen und labilen Naturen zu Kurzschlußreaktionen führen muß, zumal dann, wenn – wie im Falle von Moritz – der schulische Druck noch durch die am Prestige orientierten Leistungserwartungen des Elternhauses ins Unerträgliche gesteigert wird.
Um die aktuelle Brisanz dieses Falles den Schülern vor Augen zu führen, ist es durchaus möglich und sogar zu begrüßen, wenn sie ihn an Erfahrungen aus ihrer eigenen Lebenswelt rückkoppeln. Als Diskussionsimpulse können in dieser Hinsicht zwei Zeitungsartikel fungieren, die den Zusammenhang von Schulversagen und Selbstmord thematisieren:

Schulangst:
500 Selbstmorde

Mehr als 500 Kinder und Jugendliche begehen jährlich aus Angst vor „Schulversagen" und schlechten Zeugnissen Selbstmord. Zu diesem Ergebnis kommt eine Studie des Direktors der Universitätskinderklinik in Homburg/Saar, F. C. Sitzmann. Zeugnisnoten ließen die Kinder zu Konkurrenten werden; zudem würden sich oftmals resignierende Lehrer auf die „rein pragmatische Vermittlung des Stoffes" beschränken. Als weiteren Faktor nannte der Mediziner die ungewisse berufliche Zukunft und – wie es konservative Wissenschaftler gern sehen – zahlreiche Schulreformen, die „bislang fast nur Unsicherheit und Angst gebracht" hätten.

(aus: *Pädagogik-Extra*, H. 9, 1978)

Aber nicht nur im kranken, sondern auch beim gesunden Jugendlichen wächst – nicht zuletzt durch den Leistungsdruck, dem sie in der Schule oder auf der Suche nach Lehrstellen ausgesetzt sind – die ständige Angst zu versagen.
Immer häufiger wird diese zur Ursache von Verhaltensstörungen und Aggressionen oder auch für Gleichgültigkeit und Resignation.
Es kommt zu Selbstmordgedanken und erschreckend oft zum Suizid.

(aus: *Frankfurter Allgemeine Zeitung*, 30. Juni 1976)

Hausaufgaben

Da die Methodik zur Erarbeitung des Dramas bislang vorwiegend an rezeptionsästhetischen Ansätzen orientiert war, erscheint es nun sinnvoll, die Behandlung der Konferenzszene didaktisch in einem stärker produktionsorientierten Verfahren durchzuführen.
Nimmt man das Drama als das, was es ist, nämlich als Partitur, die erst ihre ästhetischen Möglichkeiten entfaltet, wenn sie dramaturgisch umgesetzt wird, wenn Spielräume eröffnet, Rollen gespielt werden, dann muß die didaktische Gestaltung des Unterrichts darauf zielen, die Schüler an solcher Dramaturgie zu beteiligen. Dramaturgie ist im Unterricht zu simulieren und, wenn Zeit vorhanden ist und auf seiten der Schüler Bereitschaft besteht, exemplarisch in einzelnen Spielszenen zu konkretisieren. Nur so kann man Ermüdungserscheinungen, die sich bei der häufigen Anwendung analytisch-rezeptiver Prozeduren allzufrüh einstellen, vorbeugen und die Schüler für neue Verstehensebenen des Textes motivieren.

Schon beim Formulieren der Hausaufgaben sind erste Anreize für eine produktive Auseinandersetzung mit der Szene zu geben. Folgende Aufgabenstellung scheint denkbar: Lest die Szene III.1 intensiv durch! Stellt euch vor, ihr solltet die Rolle eines Spielleiters übernehmen. (Dieser hat normalerweise dem technischen Personal und den Schauspielern Hinweise zur Gestaltung der Bühne, zur Position der Spieler und zur Konkretisierung einzelner Rollen zu geben.)

1) Welche Empfehlungen würdet ihr als Spielleiter zur Gestaltung der Bühne (Bühnenbild, Beleuchtung, Positionsplan der Figuren, Requisiten) geben? Fertigt eine Skizze zu diesem Zweck an.

2) Welche Hinweise würdet ihr den jeweiligen Schauspielern zum Spielen ihrer Rollen geben? Skizziert eure Vorstellungen zur Rolle des Direktors und eines Lehrers (z. B. Zungenschlag, Fliegentod). Charakterisiert insbesondere mögliche Verhaltensweisen, sprachliche, mimische, gestische Haltungen und Eigenheiten der jeweiligen Figuren.

Diese komplexe Aufgabenstellung ist arbeitsteilig an zwei Gruppen zu delegieren; sie erfordert nicht nur ein Eingehen der Schüler auf die expliziten Regieinstruktionen des Nebentextes, sondern sie verlangt auch eine Herausarbeitung derjenigen latenten Signale des Haupttextes, die das Rollenspiel (Gestik, Mimik, Sprache) der jeweiligen Figuren konstituieren.

13./14. Stunde: Groteske Vision – die Lehrerkonferenzszene (III.1)

Sachanalyse

Selbst in der Szene, die von ihrer dramaturgischen Konzeption als Konfrontationsszene par excellence angelegt ist, in der Lehrerkonferenzszene, die ihrer Struktur nach als Gerichtsszene gestaltet ist, gibt es keine Auseinandersetzung zwischen den Lehrern und dem Schüler Melchior. Die Szene dient der Selbstdarstellung von Schule und Lehrern; sie ist entsprechend den hierarchischen Vorgaben autoritär strukturiert. Hier kann es also nur Indoktrination, Verbote, Befehle, aber keine Kontroverse geben, da Melchior als Gesprächsteilnehmer von den Schulmännern überhaupt nicht ernst genommen wird, die Rolle des Gegenspielers somit auch nicht erfüllen kann, da der Direktor ihn zum reinen Befehlsempfänger abstempelt.
Will man also die Beziehung zwischen Älteren und Jüngeren in diesem Drama generell kennzeichnen, so muß man vielmehr von Abhängigkeit und Unterdrükkung sprechen. Gegen diese opponiert indes der Autor mit literarischen Mitteln, mit Satire, Parodie, Groteske und Komik. Mit solchen Techniken inszeniert er die Lehrerkonferenz als skurriles Panoptikum. In grellster Weise parodiert werden rechthaberische Professoren, deren nichtiges Gezänk, der Direktor als Tyrann und seelenloser Bürokrat, die Doppelbödigkeit der von ihm propagierten Bildung und Moral. Auf die Bühne gezerrt und dort verzerrt werden die institutionellen Zwangs- und Unterdrückungsmechanismen mit Vertretern, die nach den autoritären Vorgaben der Obrigkeit funktionieren und pädagogische Belange völlig ignorieren.

Die Wirkungen dieses Unterdrückungsapparates sind in den Gesprächen der Schüler laufend präsent, haben sich förmlich in ihrem Bewußtsein verhakt. Angesichts solcher psychischen Überlagerung ist es klar, daß für sie die Schule und ihre Vertreter schon fast irreale Qualitäten und monströse Dimensionen besitzen. Unter diesen Voraussetzungen ist auch der Realitätsgehalt der Lehrerkonferenzszene zu beurteilen. Sie ist als groteske, bizarre „ins Phantastische gesteigerte Vision der Schüler“ (Völker, 27) zu sehen, sozusagen ein traumatisch erfahrenes Strafgericht.

Unterrichtsverlauf

Phase 1:
Selbstdarstellung der Schule

Zu Beginn der Stunde müßte noch einmal an die grobe Rubrizierung des Textbereiches, wie sie zu Beginn der Unterrichtssequenz entwickelt wurde, erinnert werden. Mit diesem Rückgriff wird gleichzeitig von den Schülern die Problemformulierung der folgenden Doppelstunde vorgestellt. Nach der Darstellung der Schule und ihrer Träger aus der Sicht der Jugendlichen ist im folgenden zu untersuchen, in welcher Weise sich die Schule und ihre Repräsentanten selbst darstellen bzw. inszenieren.

Phase 2:
Analyse des Endes von I. 4

Bevor die Konferenzszene eingehender betrachtet wird, könnte zu Anfang der Stunde der Blick der Schüler auf eine kleine, fast unscheinbar anmutende Textstelle gelenkt werden. Es handelt sich dabei um das kurze Zwiegespräch zwischen den Professoren Knochenbruch und Hungergurt am Ende von I.4. Über die Deutung dieses Dialogs müßten die Schüler ein Vorverständnis für den größeren Textbereich der Konferenzszene gewinnen. Er wirft ein grelles Licht auf das Selbstverständnis der Institution Schule.

Im Gespräch über diese Textstelle sollte die Formalisierung in den Sprechakten der Lehrer deutlich werden. Die Höflichkeitsfloskeln („verehrter Herr Kollega") und Bestätigungsgesten der beiden („Mir auch") blockieren die Unterredung, ehe sie recht begonnen hat. Bei der Beurteilung ihrer Schüler unterliegen beide dem gleichen Konformitätsdruck. Daß Schüler, allein dem Grad ihrer schulischen Leistungsfähigkeit entsprechend, miteinander soziale Beziehungen eingehen sollen, darüber gibt es für beide keinen Dissens. Daß soziale Bindungen, ja Freundschaften unter Schülern im Hinblick auf menschliche Qualitäten entstehen, durch gemeinsame Erlebnisse, Interessen und Ziele, durch spontane Sympathiebekundungen, durch Gedankenaustausch und körperliche Kontakte befestigt und gefördert werden, das ist mit dem starren Verstehensraster der angeblichen Pädagogen nicht vereinbar.

Phase 3: Die szenische Gestaltung der Konferenzszene (III.1)

Es ist sinnvoll, die Ergebnisse dieses ersten Deutungsversuches so zu bilanzieren, daß damit schon ein gewisser Verstehensrahmen für die Deutung der Konferenzszene und ein erster Anreiz für die Auswertung der Hausaufgaben bereitgestellt sind. Die Vorstellung der Hausaufgaben müßte in der Weise erfolgen, daß einer oder mehrere der Schüler der ersten Gruppe sein (ihr) Verständnis der räumlichen Gestaltung der Bühne an der Tafel in Form einer Skizze darlegen und erläutern, so daß eine vergleichende Betrachtung der einzelnen Konzeptionen möglich ist. Bei der Erarbeitung der Aufgaben können die Schüler an die Ergebnisse der 4. Stunde anknüpfen.

Daß Wedekind auch in dieser Szene kaum eine naturalistische Einrichtung des Raums erstrebt hat, sollten die Schüler nach Möglichkeit durch die sorgfältige Analyse des Haupt- und Nebentextes dieser Szene belegen. Bezeichnend für die Wedekindschen Regiehinweise ist z.B. die Instruktion einer recht sparsamen Verwendung der Gegenstände. Und gerade die wenigen Requisiten werden vom Autor entsprechend seinen sozialkritischen Absichten ausgesprochen funktionell eingesetzt. Diese dekorieren nicht, veranschaulichen nicht, schaffen auch kein Milieu. Im Gegenteil, ihre Funktionalität zielt – das müßte im Gespräch akzentuiert werden – auf Widerspruch, Gegensatz, Entlarvung. Das pädagogische Wirken der Autoren, nämlich Rousseau und Pestalozzi, die hier im Bild dargestellt werden, zeugt provokativ wider die Engstirnigkeit, Pedanterie und Unmenschlichkeit der schulischen Exerzieranstalt, unter der und in der die Schüler leiden müssen.

In einer durchaus ähnlichen Bedeutungsrichtung sollten die Schüler die Funktion der hier vom Autor vorgesehenen Beleuchtung suchen. Die Gaslampen, die über dem Tisch brennen, scheinen darauf zu deuten, daß kaum oder gar kein natürliches Licht in den Raum fällt. Und dies ist sicherlich ein Zeichen dafür, daß das natürliche Licht der Vernunft, der Aufklärung hier nicht mehr durchdringt. Was geblieben ist, ist eine dämmerige, unwirkliche Atmosphäre, die, wie die nachfolgende groteske Debatte der Lehrer über das Fenster beweist, dumpf, bedrückend und stickig ist.

Die Betrachtung des dritten wichtigen Aspektes der Regieanweisung, des personalen Positionsplanes, dürfte schon zum zweiten Teil der Hausaufgaben, der Charakterisierung der einzelnen Rollen überleiten. Bei der Vorstellung und Besprechung dieses Gesichtspunktes sollte klar werden, daß die Festlegung und Anordnung der Positionen Beziehungen zwischen den einzelnen Figuren schaffen: Hier wird durch die hierarchische Sitzordnung das soziale Beziehungsgefüge der Szene bestimmt. Der erhöhte Sitz Sonnenstichs signalisiert die Dominanz dieser Rolle, die kauernde Haltung Habebalds neben der Tür die untergeordnete Stellung des Pedells, dessen Rolle sich, wie die nachfolgende Szene zeigt, in mechanischen Bestätigungsfunktionen erschöpft.

Phase 4:
Die Rolle Sonnenstichs

Es ist einsehbar, daß die sachlichen Implikationen dieser Regieaspekte einen zwanglosen Einstieg in die Besprechung des zweiten Hausaufgabenteils ermöglichen. Die Vorstellung der Personen setzt eine Konkretion ihres Erscheinungsbildes (körperliche Konstitution, Kostümierung etc.), die Zeichnung von Charaktereigenschaften und die Ausweisung äußerer Umstände (soziale Verhältnisse) voraus. (Sollten diese Aspekte des Rollenbildes noch nicht in einer früheren Phase erläutert worden sein, ist es erforderlich, diese vorab zu klären.) Alle diese Informationen könnten implizit dem Haupttext, also den Sprechakten der einzelnen Figuren, entnommen werden. Sollten die genannten und weiter unten aufgeführten Informationen nicht spontan von den Schülern skizziert werden, muß vom Lehrer gezielt auf Textstellen verwiesen werden, die solche Interpretationsansätze ermöglichen. Eventuell sind von ihm auch Hintergrundsinformationen (z. B. zur Bedeutung Rousseaus und Pestalozzis) zu geben, um den Schülern die Diskrepanz von Schein und Sein, von Anspruch und Wirklichkeit vor Augen zu führen.

Den Schülern wird bei der Bearbeitung dieses Aufgabenteils sicherlich der große Umfang der Reden Sonnenstichs aufgefallen sein. Aufgrund dessen werden sie vermutlich das Übergewicht dieser Figur in der Szene herausstellen. Zudem werden sie ihn schon aufgrund seines Sprachverhaltens als Pedanten, als Formalisten, als Phrasendrescher, letztlich als autoritären Bürokraten einschätzen. Sein sprachliches Medium sind die rhetorischen Fragen, die Imperative, das Versatzstück, die Suggestivformeln und anonymen Phrasen. Mit diesen Mitteln spielt er die Rolle des diktatorischen Vorsitzenden, der das Urteil über den Angeklagten schon zu Beginn der Verhandlung gefällt hat. Mit ihnen schaltet er nicht nur den Widerspruch aus, sondern unterbindet auch jegliche Kommunikation der Lehrer untereinander.

Es ist unrealistisch, von den Schülern zu erwarten, daß sie insgesamt die sprachlichen Feinstrukturen des Kommunikationsverhaltens von Sonnenstich herausfinden. Gegebenenfalls hat hier der Lehrer die Aufgabe, die von den Schülern referierten Ergebnisse fragend-entwikkelnd zu vertiefen bzw. das eine oder andere sprachliche Phänomen begrifflich zu konturieren.
Von einigem Interesse dürfte es auch sein, wie sich die Schüler Charakter- und Erscheinungsbild dieser Figur vorstellen. Vermutlich werden ihre Erwartungen, vom autoritären Führungshabitus der Person ausgehend, sich in Richtung eines Rollenbildes entfalten, das den Direktor

als pedantischen, schwergewichtigen Typus zeigt, der ernst und unbarmherzig allgemeine schulische Vorschriften deduziert, dogmatische Geltungsansprüche für seine Aussagen postuliert und ex cathedra entscheidet. Vielleicht haben sie aber auch den sprechenden Namen der Figur berücksichtigt und deutend ein Rollenkonzept entwickelt, das Sonnenstich als schrulligen, fast skurril wirkenden Schultyrannen vorstellt. Inspiriert könnte solche Vorstellung von H. Manns „Professor Unrat" sein. Dabei müßte allerdings, wenn dies von den Schülern noch nicht geleistet worden ist, genauer erläutert werden, in welcher Weise das marottenhafte Verhalten des Direktors zum Ausdruck gebracht werden könnte. Vorstellbar ist z. B. ein Sprachfehler, etwa eine Fistelstimme, oder eine übertriebene Geste, die sich laufend wiederholt. Zu denken ist hier etwa an eine sinnfällige gestische Begleitung der Formel, mit der der Direktor devot und autoritätsfixiert die Instanz eines hohen Kultusministeriums beschwört. Es empfiehlt sich, die Kontraposition beider Deutungen durch einen Tafelanschrieb zu verdeutlichen. In jedem Fall ist die mögliche Wirkung beider Rollenkonkretisierungen auf das Publikum zu diskutieren.

Die erste Aktualisierungsform, das müßte zunächst in fragend-entwickelndem Verfahren erarbeitet werden, setzt eine gewisse Übereinstimmung von Darstellung und Dargestelltem, von Ausdruck und Gemeintem voraus. Sie wird der Szene bei allzu starker Akzentuierung bitteren Ernst, fast ein wenig Tragik verleihen: Die Dominanz des Direktors zermalmt jeden Versuch der Rechtfertigung des Schülers.

Die zweite Interpretation unterstreicht hingegen die Diskrepanz von Form und Inhalt, die Theatralik konterkariert hier das aufgeblähte Verhalten Sonnenstichs, das unechte Pathos seiner Rhetorik und ihren vorgeblichen Geltungsanspruch, ja, es entlarvt beides in seiner Nichtigkeit. Haben die Schüler diese Diskrepanz erkannt, so werden sie auch leicht deren Wirkung abschätzen können. Sie werden erkennen, daß das Publikum auf diese Rolleninterpretation eher belustigt reagieren wird.

Auf der Grundlage dieser Überlegungen sollte mit den Schülern diskutiert werden, welche Konkretion der Rolle sie für die dramaturgisch sinnvollere halten. Vermutlich werden sie die zweite Aktualisierungsform favorisieren; und dies deshalb, weil sie in der literarischen Verfremdung der Rolle des Direktors eine Möglichkeit sehen, sich selbst vom Druck der schulischen Institution, den sie selbst Tag für Tag erfahren müssen, zu entlasten, ohne daß sie Sanktionen fürchten müssen. Gerade eine solche Präsentation der Figur wird ihre schlimmsten Erwartungen und Visionen, die sie sich in ihren Phantasien schon immer zusammengebraut haben, bestätigen. Und weil dies so ist, werden sie über die Verfremdung der Szene befreiend lachen können. Je greller, überspitzter, skurriler diese ins Rampenlicht gerückt wird, desto befreiender wird deren komische Wirkung auf sie sein.

Phase 5: Die Rolle der Lehrer

Neben solchen rezeptionstheoretischen Gesichtspunkten, die auf latente psychische Dispositionen der Schüler abzielen und die diesen durch Lenkung ihres Gespräches bewußt gemacht werden sollen, ist zu beachten, daß die Diskussion über mögliche Interpretationen der Rolle des Direktors durchaus auch textimmanent vom Verständnis der anderen Figuren und der dramaturgischen Gesamtkonzeption dieser Szene entschieden werden kann. Damit kann der Diskurs mit den Schülern wieder an die zweite Fragestellung der Hausaufgaben zurückgebunden werden, die ja auch eine Deutung der anderen Rollen innerhalb dieser Szene erforderlich machte. Vermutlich dürfte den Schülern auch hier aufgefallen sein, daß sich kaum definitive Aussagen über Charaktereigenschaften der Lehrer machen lassen. Sie bleiben merkwürdig flächenhaft, ihr Figurendasein scheint sich in ihrer verkrüppelten schulischen Funktionalität zu erschöpfen. Vorrangig werden die Schüler auf die Wirklichkeitsferne, auf das Marionettenhafte aller Lehrerfiguren verweisen. Sie werden dies an der Art und den Inhalten ihres kleinkarierten Gespräches festzumachen versuchen. Auch der Widerspruch zwischen ihrer gedrechselten, hochformalisierten Redeform und der Banalität des von ihnen verhandelten Gesprächsproblems, das längst gegenstandslos geworden ist, wird auffallen. Sie werden beobachtet haben, daß dieses Mißverhältnis durch persönliche Defekte der einzelnen Typen (Stottern) erheblich verschärft wird.

Phase 6:
Die Lehrerkonferenzszene als Groteske – eine Bilanz

Es dürfte zweckmäßig sein, diesen Widerspruch begrifflich zu konturieren und anhand der begrifflichen Zuordnung eine Art Bilanz zu ziehen. Insgesamt werden die Schüler das Verhalten der Figuren als wenig realitätsgetreu, übertrieben, verzerrt und abwegig charakterisieren. Das sind genau die Merkmale, die eine Einführung der Begriffe des Grotesken bzw. der Grosteske durch den Lehrer erlauben. Damit wird es möglich sein, die gesamte Szene als Groteske zu bezeichnen. Sollten die Schüler in diesem Zusammenhang den Begriff der Satire einbringen, den sie sicherlich schon in der Auseinandersetzung mit anderen Textangeboten kennengelernt haben, so ist dieser nicht unbedingt zurückzuweisen. Was hier unter Umständen an literaturtheoretischer Präzision geopfert wird, gewinnt man an literaturdidaktischer Effizienz, d. h. an Anschaulichkeit und Plausibilität zurück. Auch mit diesem Begriff läßt sich der Funktions- und Wirkungszusammenhang der hier vorgestellten Rollen einsichtig machen, läßt sich die Absicht, die der Autor mit der dramaturgischen Komposition dieser Szene verfolgt, darstellen und erläutern.

Um welchen Begriff der Diskurs auch immer zentriert ist, ob nun um den der Groteske oder der Satire, die Schüler werden anhand der dramaturgischen Konzeption der Szene, ihrer Raumgestaltung, Rolleninterpretation und Personenkonstellation erkennen, daß es Wedekind nicht um eine naturalistische Widerspiegelung einer Lehrerkonferenz geht. Um dies zu begreifen, braucht man kaum kommentierende Aussagen des Autors in Anspruch zu nehmen. Die Art, wie der Raum gestaltet, die Rollen aufgebaut und zueinander in Beziehung gesetzt werden, deutet, so etwa könnte das Resümee der Diskussion lauten, auf Verfremdung der Realität durch Übertreibung und Verzerrung, durch den Gegensatz von Form und Inhalt. Übertrieben werden der Formalismus und die Pedanterie der angeblichen Pädagogen, grotesk wirkt ihre Diskussion über das zu öffnende Fenster, als Parodie erweist sich das vorgebliche Gerichtsverfahren gegen den Schüler, dessen Schuld schon vorher ex cathedra verkündet wird. Alles dies entlarvt das Lehrertribunal: dessen Redseligkeit ist sprachliche Nichtigkeit; dessen protzig zur Schau gestellte Übermacht ist dessen Ohnmacht.

Exkurs:
Die Rolle Melchiors

Falls noch Zeit dazu verbleibt, bietet es sich an, dieser Bilanz eine letzte Deutungsnuance zu geben. Zur abschließenden Debatte sollte die Rolle Melchiors in dieser Szene stehen. Dessen Position, Verhalten und vor allem Wirkung auf das Publikum sind im fragend-entwickelnden Verfahren zu kennzeichnen und zu erläutern. Damit wird zwar der thematische Rahmen dieser Sequenz, die Selbstdarstellung der Schule, etwas durchbrochen, gleichwohl ergibt sich dadurch die Möglichkeit, die Interpretation dieser Szene abzurunden.
Im Anschluß an die Ergebnisse der vorausgegangenen Phase ist zu erfragen, weshalb die Rolle Melchiors innerhalb der Szene nicht verfremdet wird. Auffallen wird den Schülern die Passivität, ja Ohnmacht Melchiors, die aus der aufoktroyierten asymmetrischen Kommunikationssituation, d. h. aus der ungleichen Verteilung der Redemöglichkeiten resultiert. Gleichwohl ist er im Kontext der Szenerie der einzige, der sich als Person angemessen verhält, bei dem Inhalt und Form, Anspruch und Einlösung nicht auseinanderklaffen. Die wenigen Worte, die er spricht, zerschlagen die sprachlichen Fassaden der anderen, die Qualität entlarvt die Quantität. In Melchior werden die Schüler zwar ihre eigene Abhängigkeit und Ohnmacht erkennen und damit auch das fast zwangsläufige Ergebnis dieser Szene verstehen, dennoch werden sie mit Schadenfreude registrieren, daß das, was sie schon immer an den Verhaltensweisen ihrer Lehrer beobachten konnten, bis zur Nichtigkeit karikiert wird. Solche Lust scheint ihre Betroffenheit über die rüde Behandlung Melchiors und seine kalte Aburteilung mehr als zu kompensieren. Sein Abgang ist für sie letztlich kein tragischer.

Hausaufgaben

In der Sequenz über die familiären und schulischen Erziehungsverhältnisse sind deren Auswirkungen auf die Jugendlichen dargestellt worden. Implizit wurde damit in ihr auch schon ein Bild der Jugendlichen selbst, insbesondere von Melchior, Moritz und Wendla entworfen. Dies soll nun in den folgenden Stunden explizit gemacht, differenziert und erweitert werden. Zu diesem Zweck sollen die Schüler die Szenen I.2 und I.3 nochmals gründlich lesen. Auf dieser Lektürebasis ist eine schriftliche Aufgabe arbeitsteilig zu formulieren. Die erste Gruppe soll eine vergleichende Charakteristik von Moritz und Melchior schreiben; die zweite soll die drei Mädchen Wendla, Thea und Martha in ihrem Denken und Verhalten miteinander vergleichen.

IV. Sequenz: Die Lebenswelt der Jugendlichen

15./16. Stunde: „Erscheinungen der Pubertät"

Sachanalyse

„Ich glaube nicht, daß nur ein einziger Grund vorliegt, um Kindern die Aufklärung, nach der ihre Wißbegierde verlangt, zu verweigern. Freilich, wenn es die Absicht der Erzieher ist, die Fähigkeit der Kinder zum selbständigen Denken möglichst frühzeitig zugunsten der so hochgeschätzten ‚Bravheit' zu ersticken, so kann dies nicht besser als durch Irreführung auf sexuellem und durch Einschüchterung auf religiösem Gebiet verursacht werden [. . .] Erhalten die Kinder jene Aufklärungen nicht, um die sie sich an Ältere gewendet haben, so quälen sie sich im geheimen mit dem Problem weiter und bringen Lösungsversuche zustande, in denen das geahnte Richtige auf die merkwürdigste Weise mit grotesk Unrichtigem vermengt ist, oder sie flüstern einander Mitteilungen zu, in welchen zufolge das Schuldbewußtsein der jugendlichen Forscher dem Sexualleben das Gepräge des Gräßlichen und Ekelhaften aufgedrückt wird." (Freud, Studienausgabe, Bd. 5, 161 f.)

Wedekinds Stück über die Pubertätsprobleme von Jugendlichen mutet wie eine Fallstudie zu den Freudschen Ausführungen an. Den Jugendlichen in diesem Stück wird die Aufklärung über ihre Sexualität verweigert. In einer bedeutsamen Entwicklungsphase ihres Lebens, in der sie alle ihren sozialen Standort suchen, um ihre Identität auszubilden, in der Pubertät, werden sie von den Erwachsenen im Stich gelassen, wird ihnen keine soziale Unterstützung zuteil.

Im Mittelpunkt des Dramas stehen die drei Jugendlichen Wendla, Melchior und Moritz. Diese drei Hauptfiguren verkörpern nicht nur unterschiedliche Charaktere, sondern erleiden auch grundverschiedene Schicksale: Nur einer von ihnen, Melchior, überlebt; die beiden anderen, Moritz und Wendla, gehen an den inhumanen gesellschaftlichen Bedingungen zugrunde. In vielfachen Selbst- und Zwiegesprächen, im privaten Bereich und im Kreise ihrer Mitschüler und Mitschülerinnen, bringen alle die Probleme ihrer Alters- und Entwicklungsstufe zum Ausdruck, geben sie Erfahrungen mit ihrer eigenen Natur und sozialen Ansprüchen wieder, drücken sie ihre Ängste, Sorgen, Hoffnungen und Sehnsüchte aus. Gleichwohl bleibt zu bedenken, daß die anderen Jugendlichen für diese drei zentralen Gestalten nicht nur die Folie abgeben, von der die letzteren sich als tragische Ausnahmefälle abheben; jeder der männlichen und weiblichen Jugendlichen ist als Individuum zu nehmen, bringt seine eigene Problematik mit auf die Bühne, entwickelt je andere Gedanken und Gefühle: „Von Hänschen Rilow bis hin zu Ilse ist eine ganze Skala von Verhaltensmöglichkeiten gegenüber den Anpassungsforderungen dargestellt, welche die Erwachsenenwelt an sie heranträgt. Nur zynisch oder frivol Veranlagte (Hänschen, Thea) fügen sich bereitwillig in die Gesellschaft; sie haben die herrschende Doppelmoral durchschaut und werden wissen, wie man sie zum eigenen Vorteil nutzen kann". (Seehaus, 53)

Die Jungenszene (I.2): Melchior, Moritz

Mit den Gedanken, Gefühlen und Wünschen von Melchior und Moritz wird der Zuschauer erstmals in der Schülerszene I.2 konfrontiert. Unvorbereitet wird er in die Lebenswelt der Jungen eingeführt, die unisono über die Last ihrer Schularbeiten klagen. Doch so unvermittelt wie die Schülergruppe ins Rampenlicht rückt, verschwindet sie auch wieder aus dem Blickfeld. Nur Moritz und Melchior bleiben. Von vornherein ist auffällig, daß Melchior der aktivere und selbstbewußtere von beiden ist. Das wird an der Art seines Gesprächsverhaltens deutlich. Es ist Melchior, der zu Beginn der Szene das Wort ergreift und sich aus der Gruppe lösen will. Er ist es auch, der den von Moritz beschriebenen Teufelskreis der Schule aufbricht und fast ein wenig barsch den Themenwechsel fordert.

Im Gespräch ist Melchior die dominierende Persönlichkeit. Er steuert es, zuweilen spielt er sich sogar ein wenig schulmeisterlich auf. Obwohl an Jahren jünger als sein Freund Moritz, ist er ihm an Geisteskraft und Wissen überlegen. Er vermag zu abstrahieren und zu theoretisieren. („Möchte doch wissen, wozu wir eigentlich auf der Welt sind!") (7) Er zeigt in seinem Denken schon eine erstaunliche Eigenständigkeit. Insgesamt sieht er tiefer und weiter als seine Mitschüler.

Der unbefangene Denkstil Melchiors kontrastiert mit der Verklemmtheit Moritz'. Er ist ängstlich, verspannt, zutiefst verunsichert durch die Pressionen seiner Eltern und Lehrer. Seine Sprache ist stokkend, klingt gepreßt. Er ist viel fragiler, unentschiedener als Melchior. Deshalb ist er auch in stärkerem Maße als der Freund den Eindrücken seiner Innen- und Außenwelt ausgeliefert. Hin- und hergerissen zwischen diesen hat er noch nicht zu sich selbst gefunden. Die eigene Sexualität erfährt er unter Todesangst, hält sie in seiner Unwissenheit für eine unheilbare Krankheit. Wie Melchior fragt er nach dem Sinn seines Daseins, doch potenziert eine solche Frage nur noch seine Ichschwäche. Er vermag seine subjektive Wirklichkeit nicht zu distanzieren, zu objektivieren. Dennoch, in all seiner Schwäche und Bedrängnis, in all seiner Sprachnot ist er nicht unkritisch, will er sich nicht einfach mit vorgegebenen Erklärungen abfinden. Er durchschaut das Schamgefühl in seiner sozialen Vermittlung, entwickelt das Ideal einer naturhaften Erziehung.

Allerdings vermag er solchen gelösten Denkstil nicht durchzuhalten, seine Einsichten bleiben punktuell. Er ist es, der das Gespräch mit Melchior beendet; seine Schulmisere hat ihn wieder eingeholt. Die Szene selbst ist zum Zirkel geworden.

Der Sprach- und Denkstil der beiden Freunde, er mag sich im einzelnen noch so sehr unterscheiden, ist insgesamt durchaus altersspezifisch zu sehen. Ihre Sprache ist noch unfertig, assoziativ und situationsverhaftet, letztlich Reflex eines noch nicht abgeklärten Denkens. Das Wissen, das beide ins Gespräch einbringen, wirkt angelesen, begrifflich noch nicht durchgearbeitet; diesem bleibt die Sprache äußerlich. Sie ist überladen mit Bildern und Manierismen; gelegentlich ist sie ein Gemisch aus rhetorisierter Schwärmerei, heruntergekommenen Bildungsversatzstücken („Ich glaube, das ist eine Charybdis, in die jeder stürzt, der sich aus der Scylla religiösen Irrwahns emporgerungen.") (7) und trivialen Redensarten.

Die Mädchenszene (I.3): Wendla, Thea, Martha

Nachdem Wendla in I.1 in ihrem eigenen privaten Lebenskreis, in ihrer Familie vorgestellt wurde, tritt sie hier erstmals zusammen mit ihren Freundinnen bzw.

Mitschülerinnen auf. Der Privatstrang der Handlung mündet in dieser Szene in den Kollektivstrang ein. Schon der vom Autor gewählte Einstieg weist den Auftritt der drei Mädchen als Kollektivszene aus. Ähnlich wie in der Schülerszene (I.2) setzt auch hier die Rede mit chorischem Sprechen der Figuren ein. Gemeinsam unter dem unmittelbaren Eindruck der Natur stehend, variiert jede von ihnen auf ihre Weise dieses Erlebnis. Die rhythmisch und syntaktisch parallel konstruierten Reden von Wendla, Thea und Martha sind nicht kommunikativ aufeinander bezogen, sondern knappe sprachliche Reflexe naturhaften Erlebens. In ihrem evokativen Charakter ähneln sie den Ausrufen der Schüler in I.2. Auch dort wird weniger etwas dargestellt, sondern etwas ausgedrückt: „Wie stark die Macht der wirkenden Natur empfunden wird, geht daraus hervor, daß sie als Subjekt den Vorgang beherrscht und den Erlebenden in die Passivität drängt. Ja mehr noch, ihre Gewalt ist so bedrängend, daß sie das Ich im Kollektiv gemeinsamen Erlebens erlöschen läßt: das Wasser dringt ‚einem' ins Schuhwerk, der Wind saust ‚einem' um die Wangen. Nochmals: die Sprachfigur lebt ganz aus dem faszinierten Ich, das nicht urteilt, sondern beschwört. Das Faszinierende ist jedoch so übermächtig, daß es das Ich nicht nur zum Objekt macht, sondern darüber hinaus die Individualität dieses Ich versinken läßt in die Gemeinsamkeit aller, die in diesem Augenblick dem Druck der Natur ausgesetzt sind." (Klotz, 172/173)

Dennoch, der gemeinsame Erlebnishorizont der drei Mädchen bildet nur den Auftakt der Szene; er hält nicht vor. In dem Maße, wie die Szene fortschreitet und die Reden sich sprachlich aufeinanderzubewegen, differenzieren sich auch die Figuren, werden Charakterprofile und individuelle Konturen sichtbar. Sicherlich, das Gespräch der Mädchen ist zum größten Teil nichts anderes als ein unverbindliches, floskelhaftes Backfischgeplauder – ein Gemisch aus Stadtklatsch, Schwärmerei und kleinkariertem Gerede über Mode, Liebe, Kinder und die eigene Zukunft. Die sprachlichen Fassaden sind jedoch durchsichtig; hinter ihnen stehen Figuren mit unverwechselbaren Eigenheiten.

Insgesamt gesehen sind Denken und Verhalten der Mädchen durchaus ambivalent zu werten. Auf der einen Seite sind sie naiv und unerfahren, wie ihr Dialog über das „Bekommen" von Kindern beweist, andererseits sind ihre Gespräche stilisiert und künstlich; dort, wo sie sich schwärmerisch, romantisch geben, sind sie durchsetzt mit Rollenklischees und Ideologemen bürgerlichen Erfolgsdenkens.

Unterrichtsverlauf

Phase 1: Die heranwachsende Jugend

Ausgangspunkt der Stunde ist ein Brief Wedekinds an einen Kritiker aus dem Jahre 1891 (Materialien, 18). Der Brief, wohl unmittelbar nach Fertigstellung des Stückes entstanden, ist der erste wichtige uns erhaltene Kommentar des Autors zu seinem Drama; er stellt in knappster Form eine Art Selbstinterpretation dar. Im Mittelpunkt der Betrachtung steht dabei der Satz des Verfassers, er habe „die Erscheinungen der Pubertät bei der heranwachsenden Jugend poetisch zu gestalten" versucht, „um denselben wenn möglich bei Erziehern, Eltern und Lehrern zu einer humaneren rationelleren Beurtheilung zu verhelfen". Die zentralen Begriffe dieses Satzes: „die Erscheinungen der Pubertät", heranwachsende Jugend und poetische Gestaltung bedürfen der präzisen Klärung anhand der Textvorlage:

a) Zunächst sind die Jugendlichen, die im Stück auftreten, global in anthropologischer und soziologischer Hinsicht zu charakterisieren: Es handelt sich sämtlich um Jugendliche im Alter zwischen 13 und 15 Jahren. Sie entstammen zum größten Teil mittelständischen Familien; aus einfacheren sozialen Verhältnissen kommen vermutlich nur Ilse und Ernst. Insgesamt fügen sie sich kaum zu einer homogenen Gruppe, auch nicht zu einem interessengebundenen Kollektiv zusammen. Zu unterschiedlich sind ihre Ansichten und Neigungen, ihr Reifegrad und ihre intellektuellen Fähigkeiten. Sinnvoll erscheint eigentlich nur eine geschlechtsspezifische Differenzierung. Jungen und Mädchen werden in Übereinstimmung mit den gesellschaftlichen Verhältnissen auch dramaturgisch streng geschieden. Sie agieren jeweils gesondert. Nur Melchior und Wendla, Moritz und Ilse, durchbrechen dieses soziale, dramaturgische Prinzip. Gemeinsam treten sie allerdings nicht in der Öffentlichkeit auf, sondern an entlegenen Orten: im Wald oder auf dem Heuboden.

b) Die zweite Frage gilt der semantischen Füllung des Begriffes „pubertäre Erscheinungen". Offenbar geht es Wedekind dabei um die Entwicklungsstufen, in denen die Jugendlichen auf der Suche nach personaler Identität sind, in denen sie neue individuelle Bedürfnisse und gesellschaftliche Ansprüche auszubalancieren versuchen. Manifest werden pubertäre Erscheinungen in erster Linie an der Ausbildung neuer Interessen, an Veränderungen im Sprach- und Denkstil der Kinder, an der Entwicklung unterschiedlicher Sexualformen, überhaupt an ihrem Bestreben, Eigenständigkeit in ihrem Denken und Verhalten zu gewinnen.

c) Die letzte Frage bezieht sich auf die vom Verfasser gewählte Darstellungsform. Aufgrund ihrer Lektüreerfahrungen und der schon gewonnenen analytischen Einsichten erkennen die Schüler, daß Wedekind mit seiner poetischen Gestaltung eine naturalistische Darstellung ausschließt. Kennengelernt haben sie bislang schon die komischen, satirischen und grotesken Stilformen innerhalb des Stückes. Es bleibt also die Frage, welche poetische Form Wedekind für die Darstellung der Lebenswelt der Jugendlichen wählt.

Phase 2:
Melchior – Moritz

Nach den allgemeinen Vorüberlegungen ist im folgenden der thematische Blickwinkel einzugrenzen, Probleme und Verhaltensweisen der Jugendlichen sind exemplarisch und konkret an ihren Gesprächen zu untersuchen. Zu diesem Zweck soll zunächst ein Vertreter der Gruppe, die sich mit den Denk- und Verhaltensweisen von Moritz und Melchior, insbesondere mit ihren Vorstellungen von Erziehung vergleichend beschäftigt hat, die Resultate der häuslichen Arbeit vorstellen. Folgende Teilergebnisse sind zu erwarten:

a) Melchior sowie Moritz sind in ihrem Denken und Verhalten sprunghaft, schwankend, spontan, stark stimmungs- und situationsgebunden. Ihr Denken ist weitgehend assoziativ, entbehrt der Logizität und Stimmigkeit. Beide Figuren lassen sich leicht ablenken, sind offen für äußere und innere Wahrnehmungen. Differenzierbar sind sie hinsichtlich ihres Reifegrades. Melchior ist selbständig, autonom und abgeklärt; dagegen ist Moritz ängstlich, introvertiert, verspannt, ohne Selbstbewußtsein.

b) Im Kontrast zu der Erziehung, die sie selbst erfahren, entwickeln beide für ihre Zeit recht liberale Erziehungsvorstellungen. Ihr Gespräch über die Genese des menschlichen Schamgefühls signalisiert schon ein beachtliches Problembewußtsein. Mit ihren alternativen Erklärungsversuchen der Scham im Sinne von Sozialität bzw. Naturwüchsigkeit berühren sie durchaus aktuelle sozialpädagogische Positionen ihrer Zeit. Moritz z. B. nimmt mit seinen Vorstellungen von der gemeinsamen körperlichen Aufzucht der Mädchen und Jungen – dies ist eventuell vom Lehrer zu ergänzen – Forderungen der sich um die Jahrhundertwende entwickelnden Reformpädagogik und Jugendbewegung vorweg.

„Man entdeckt die Eigenart und behauptet das Eigenrecht der kindlichen Lebensstufe: Es ist ein Irrweg, im Kind nur das unfertige Wesen zu sehen, den noch nicht Erwachsenen, dessen Gegenwart seiner Zukunft geopfert werden muß ... Zwar ist das Kind ohne die Fürsorge der Erwachsenen nicht lebensfähig; aber es regt von Anfang an seine Eigenkräfte, baut sich eine Welt und lebt in seinen eigenen Sozialkontakten. Zu seinen originären Zielen gehört auch seine Zukunft; aber man meint jetzt, daß es auf seine spätere Mündigkeit dann am meisten vorbereitet sei, wenn es im Schutz der Erwachsenen seine Kindheits- und Jugendstufe nach Bedürfnissen und Erfüllungen durchlebt, die dieser Stufe gemäß sind." (Kulturkritik und Jugendkult, 138)

Phase 3:
Wendla – Thea – Martha

Anschließend referiert ein Vertreter der Gruppe, die sich zu Hause in vergleichender Betrachtung mit den Charakteren der Mädchenszene zu beschäftigen hatte.

Folgende Ergebnisse sind festzuhalten: Wendla verhält sich genauso keck und lebendig wie in der ersten Szene. Sie gibt sich selbstbewußt und lebensfroh, ohne dabei überheblich zu wirken. Gegenüber Martha, die über die sadistischen „Erziehungs"-methoden ihrer Eltern klagt, zeigt sie Mitgefühl und Hilfsbereitschaft. Von ihr unterscheidet sich die eitle, vor allem an Kleidermode und Schmuck interessierte Thea. Sie erscheint oberflächlich, will durch Wissen und Bildung überlegen wirken, ohne beides in Wirklichkeit zu besitzen. Ihre Reminiszenz an den in der Tonne sein Leben fristenden Sokrates ist zugleich Reflex und Entlarvung ihrer Halbbildung. Trotz ihrer negativen Erfahrungen im Elternhaus, das ein Klima von Pression, Bigotterie und Brutalität erzeugt, spricht Martha noch erstaunlich freimütig. In ihren Reden deuten sich Protest und Unbotmäßigkeit gegenüber den Erziehungsmethoden ihrer Eltern an. In ihrem späteren Leben, so malt sie sich aus, will sie ihre Kinder völlig anders erziehen. Dabei kann sie sich, wohl eine Art Überreaktion gegen das verwerfliche Tun ihrer Eltern, Erziehung nur noch in einem anarchistischen Sinne denken. Diese hat sich allein an einer wildwüchsigen Natur zu orientieren. („Wenn ich einmal Kinder habe, ich lasse sie aufwachsen wie das Unkraut in unserem Blumengarten.") (14) Davon heben sich wiederum plastisch die Vorstellungen Theas ab. Künstlichkeit und Konventionalität prägen ihr Zukunftsbild von Mutter- und Kinderrolle.

Phase 4:
Jungen- und Mädchenszene

Die dargelegten Ergebnisse bedürfen der Bilanzierung und Erweiterung. Dies soll in einem gebundenen Gespräch geschehen. Dabei sind Gemeinsamkeiten und Unterschiede zwischen der Jungen- und

Mädchengruppe herauszuarbeiten: Die größte Gemeinsamkeit zwischen Jungen und Mädchen besteht in ihrer Naturverbundenheit, in der Weise, wie sie sich gegenüber der Natur öffnen, sie erleben (Moritz: „Knöpf dir die Weste auf, Melchior!“ Melchior: „Ha – wie das einem die Kleider bläht!“) (7) (Wendla: „Wie einem das Wasser ins Schuhwerk dringt!“ etc.) (12). Interferenzen ergeben sich auch in der Art der Gesprächsführung: Die Reden der Jugendlichen fügen sich nur selten zum dialogischen Miteinander; sie sind sprunghaft, unmittelbar, erlebniszentriert.
Die hauptsächlichen Unterschiede liegen darin, daß im Gespräch der Mädchen sexuelle und schulische Probleme ausgeklammert sind. Statt dessen plaudern sie über Frisuren und Mode, sprechen über ihre Zukunft, die sie sich nur im Rahmen der bürgerlichen Familie vorstellen können: als Ehefrau und Mutter. Solche Vorstellungen erklären sich aus der gesellschaftlichen Praxis der Zeit, deren Ideologie die passive Rolle der Frau als Lust- und Luxusobjekt des Mannes und ihren Standort im bürgerlichen Haushalt zur Versorgung von Küche und Kindern festschrieb.

Phase 5:
Aktualisierung eines Szenenausschnittes

In einem letzten Zugriff ist der Sprachgebrauch der Jungen und Mädchen zu erfassen. Dies geschieht allerdings nicht durch Anwendung eines Inventars von rhetorischen und stilistischen Beschreibungsprozeduren. Häufig stoßen solche Deskriptionen auf die Ablehnung der Schüler, weil sie monoton und langweilig sind. Die Schüler sollen sich produktiv mit den Gesprächen der Jugendlichen auseinandersetzen, indem sie sie aktualisieren, konkreter: in die Sprache, die sie selbst sprechen, übertragen. Damit gewinnen sie nicht nur einen Zugang zur sich primär durch Sprache konstituierenden Lebenswelt der Jugendlichen, sondern können die historische Differenz zwischen dem Horizont des Stückes und ihren eigenen sprachlich vermittelten Erfahrungen kreativ überbrücken. Zu diesem Zweck ist arbeitsteilige Gruppenarbeit einzurichten. Die genaue Aufgabe besteht darin, ausgewählte Ausschnitte aus den Szenen I.2 und I.3 so umzuschreiben, daß eine aktuelle Fassung des Gespräches entsteht.

Phase 6:
Historische Differenzen

Die einzelnen Entwürfe werden von den Arbeitsgruppen (nach Möglichkeit szenisch) vorgestellt. Im Anschluß daran werden die Resultate der Gruppenarbeit verglichen und diskutiert. Ins Gespräch einbezogen werden auch die Erfahrungen, die die Gruppenmitglieder beim Umgestalten der Texte gemacht haben. Insbesondere sollen sie die Art ihres Vorgehens und die Schwierigkeiten, die daraus resultierten, erörtern. Die szenischen Versuche der Schüler werden in inhaltlicher und sprachlicher Hinsicht Differenzen zum Stück aufweisen. Diese sind zu erläutern. Aufschlußreich dürfte vor allem die Beantwortung der Frage sein, in welcher Weise und warum sich bestimmte Probleme der Jugendlichen verändert haben.

Hausaufgaben

Während die bisherigen Aufgaben vorwiegend so konzipiert waren, daß bestimmte inhaltliche, sprachliche oder dramaturgische Aspekte von Szenen untersucht wurden, so ist diesmal die Gesamtanalyse einer Szene anzustreben. Als Textvorlage dazu dient die Szene I. 5.

17. Stunde: Pervertierte Sexualität

Sachanalyse

Die Szene I. 5 ist in mehrfacher Hinsicht bedeutsam: Erstmals treten hier zwei Jugendliche verschiedenen Geschlechts zusammen auf. Da es sich bei den Jugendlichen um Hauptpersonen handelt, gibt ihr Zusammentreffen dem Schluß des ersten Aktes ein besonderes Profil. Offensichtlich ist der Autor bestrebt, mit dieser Szene einen wirkungsvollen Schlußpunkt zu setzen. Die Szene besitzt ihr Kernstück in einem Gespräch zwischen Melchior und Wendla über Mitleid und Moral, gewinnt zunehmend an Dynamik und findet ihren Höhepunkt in sado-masochistischen Verhaltensweisen der beiden Jugendlichen. Nach den langen Dialogen über Aufklärung, Sexualität und Moral ist das der erste konkrete Ausbruch und manifeste Ausdruck von Sexualität in dem Stück.

Der Anlaß des Gespräches ist unbedeutend. Wendla, von Melchior im Wald beim Suchen von Waldmeister zufällig entdeckt, wird von ihm in ein Gespräch verwickelt. Er habe gehört, so sagt er, daß sie armen Leuten Nahrung, Kleidung und Geld bringe. Dieses altruistische Tun wird ihm zum Problem. Fast sokratisch ist sein Fragen nach den Motiven ihres Handelns zu nennen. Ihre Antworten fallen persönlich und konkret aus. Von ihren besonderen subjektiven Erfahrungen ausgehend, stellt sie immer wieder ihre Neigung heraus, armen Leuten helfen zu wollen. Dagegen argumentiert er allgemein und prinzipiell. Für ihn sind die privaten Erfahrungen Wendlas nur Anlaß und Auslöser, um generelle philosophische Reflexionen über dieses Problem anzustellen. Derweil sie gar nicht über ihre Handlungen nachdenkt, weil sie sie unmittelbar und aus echter Freude, Gutes tun zu wollen, vollzieht, prüft er sie, freilich noch in recht simplifizierter Form auf ihre Gründe und Bedingungen. So sprechen beide eigentlich aneinander vorbei, obwohl sich ihre Reden äußerlich zu einem Frage- und Antwortspiel fügen. „Keiner vermag die Haltung des anderen richtig zu sehen und ihr Anderssein als annehmbar anzuerkennen. Wo Melchior allgemeine Tendenzen und typisches Verhalten meint – der Geizige, dem es keine Freude macht, zu kranken Kindern zu gehen –, sieht Wendla nur das Einmalige und Besondere, das persönliche Gegenüber, ...". (Klotz, 185). Die von Melchior vertretene Position ähnelt sehr stark der Egoismustheorie Wedekinds. Diese hat er in seinem Briefwechsel mit dem Schulfreund Adolph Vögtlin ausführlich erläutert. Hauptantrieb menschlichen Handelns ist für Wedekind der Egoismus. Der Mensch handelt, so behauptet er in den Briefen, häufig nur aus dem Grunde gut, weil ihm daraus gewisse Belohnungen im Diesseits oder Jenseits erwachsen. Selbst solchen Handlungen liegt seiner Auffassung nach eine egoistische Motivation zugrunde, die vorgeblich uneigennützig und aus Mitleid geschehen. Wenn allerdings, so folgert er, die Selbstliebe das Motiv der Handlung sei, dann könne der unmoralische Mensch nicht mehr verachtet werden, weil er doch nur dem gleichen Antrieb der Selbstliebe nachgehe wie der moralische. „Kann der Geizige dafür", so fragt auch Melchior, „daß es ihm keine Freude macht, zu schmutzigen kranken Kindern zu gehen?" (20) Damit verschwimmen nun die Unterschiede zwischen moralischem und unmoralischem Handeln für Wedekind/Melchior, liegt ihm doch insgesamt die gleiche egoistische Motivation, hier in sublimierter, dort in grober Gestalt zugrunde. Dafür kann der Geizige nicht zur Verantwortung gezogen werden; allein die schlechte

Einrichtung der Welt ist das Grundübel. „Laßt Euch den Schafspelz ausklopfen," so schreibt der junge Dichter emphatisch, „und überall kommen die gleichen egoistischen Wölfe heraus! Nun wage mir noch einer, einen Stein zu werfen auf seinen armen Bruder, der unvollkommener als er auf die Welt gekommen ist, ich will ihm heimzünden". (Wedekind, Bd. 3, 392) Fast ohne Übergang setzt sich der „philosophische" Dialog der beiden in Wendlas Traumerzählung fort. Diese wiederum liefert das Stichwort für den letzten Teil der Szene, der zum Exzeß führt. Von einer logischen Entfaltung der Gedanken und intentionalen Steuerung des Gespräches kann hier keine Rede mehr sein. Selbst wenn Melchior – vordergründig rational – noch nach Gründen sucht, Konsequenzen verlangt, wird er ein unfreiwilliges Opfer seiner eigenen Triebansprüche, die aus ihrer Latenz geweckt werden. Auch Wendla ist, selbst oder gerade wenn sie den Freund bittet, sie zu schlagen, nur noch passives Objekt unbewußter triebhafter Strebungen, die nach lustvoller Befriedigung verlangen. Die Triebe, die immer wieder durch rigide soziale Normen eingeschnürt oder verdrängt wurden, suchen sich ein Ventil: Die erziehungsbedingte Unterdrückung fordert ihren Preis. Sie wird kompensiert durch die Perversion von Verhaltensweisen: durch den Sadismus Melchiors und den Masochismus Wendlas. „Der wissende Zyniker und die naive Altruistin vereinigen sich in sadomasochistischer Lust". (Pickerodt, 20) Am Ende zerschlagen die Affekte und Triebe der Jugendlichen die dünne „philosophische" Fassade ihres Gespräches. Die stichomythische Anlage des Dialogs beschleunigt nicht nur das Gesprächstempo, sondern lockert auch die Vernunftbindungen der Sprache. In dem Maße, wie der Körper sein Recht fordert, Triebe nach Auslösung verlangen, reduziert sich die Sprache der beiden und fällt schließlich überhaupt aus. Am Ende sprechen nur noch die Gebärden. Wenn Melchior zum Schluß wahllos mit seinen Fäusten auf Wendla eindrischt, ist er schon nicht mehr seiner Sinne mächtig; sein Bewußtsein ist außer Kontrolle. Die Tränen auf seinen Wangen sind unfreiwilliges Zeichen seiner geistigen und sprachlichen Ohnmacht. Sein Verhalten ist intentionslos geworden; es gehorcht nicht mehr seinem Willen.

Unterrichtsverlauf

Vorbemerkung

Die Konzeption dieser Stunde orientiert sich an zwei Leitlinien: Zum einen soll sie ein Fazit der Untersuchungen und Überlegungen erbringen, die bislang zur Selbstdarstellung der Jugendlichen angestellt wurden; zum anderen sind in ihr die analytischen Fähigkeiten der Schüler zu überprüfen, gegebenenfalls zu verfeinern und zu ergänzen. Aufgrund dessen steht die Besprechung der Hausaufgaben im Mittelpunkt der Stunde.

Phase 1: Deutungshypothesen

Zunächst tragen zwei bzw. drei Schüler die Resultate ihrer häuslichen Arbeiten vor. Das Plenum ist aufgefordert, sich jeweils zu den Darstellungen zu äußern. Den Vortrag der Schüler wird also ein kurzes gebundenes Gespräch ablösen, in dem die Deutungshypothesen kritisch sondiert werden. Der Lehrer hält die Ergebnisse von Vortrag und Gespräch in Stichworten an der Tafel fest.

Phase 2:
Analysekriterien

Da die Versuche der Schüler in der Sek. I, Texte bzw. Textausschnitte zu analysieren, erfahrungsgemäß immer ein wenig unsystematisch ausfallen, ist zunächst im fragend-entwickelnden Verfahren ein Inventar an Kriterien und Arbeitsfragen zu entwickeln, an denen sie künftig ihre Szenenanalysen orientieren. Folgende Gesichtspunkte bieten sich an:

a) Stellenwert (Auf welchen inhaltlichen Voraussetzuungen baut die Szene auf?)
b) Situationsbeschreibung (Welche Figuren agieren in der Szene? Wie sind die räumlichen und zeitlichen Verhältnisse gestaltet? Was geschieht?)
c) Aufbau (In welcher Weise entwickelt sich die Handlung? Läßt sie sich in verschiedene Phasen unterteilen?)
d) Dialogführung(Inhaltsaspekt: Worüber wird gesprochen? Beziehungsaspekt: In welchem Verhältnis stehen die Figuren zueinander?)
e) Resultate (Wie beeinflußt die Szene das Figuren- und Handlungsgefüge des Stückes?)

Phase 3:
Anwendung der Kriterien auf die Szene

Die Gesichtspunkte und Fragen bedürfen der Anwendung auf den Text. Dabei sind die in Phase 1 stichwortartig gesammelten Informationen in die Überlegungen miteinzubeziehen. Folgende Ergebnisse erscheinen denkbar:

zu a) Nachdem die Jungen und Mädchen einzeln und im Kollektiv in ihrer Lebenswelt exponiert worden sind, führt die Szene erstmals einen der männlichen Protagonisten und die weibliche Hauptfigur zusammen.

zu b) Das Treffen findet zufällig im Wald statt, eine Stätte, die der Öffentlichkeit entzogen ist. Der pervertierte Ausbruch von Sexualität, der später erfolgt, erscheint nur an einem Ort möglich, der der sozialen Kontrolle nicht mehr unterliegt. Der Autor leitet die Szene als Genrebild ein („sonniger Nachmittag“; Wendla sucht Waldmeister); diese bleibt flächenhaft, schillernd, erreicht auch keine Tiefe im „philosophischen“ Gespräch zwischen den beiden Jugendlichen. Dieses wirkt aufgesetzt, wird vom Dichter auch bewußt nachlässig motiviert (Melchior: „Schon seit Wochen wollte ich dich etwas fragen, Wendla“) (19), kippt abrupt und mündet in einen ekstatischen Ausbruch von Gefühlen und Trieben.

zu c) Die Szene läßt sich inhaltlich in drei Abschnitte gliedern. Der erste führt episodisch das Zusammentreffen von Melchior und Wendla vor; der zweite umfaßt ihr Gespräch über Egoismus und Altruismus, und der dritte ist unmittelbarer Ausdruck ihres a-sozialen Verhältnisses, das sadistische und masochistische Triebe als latente Dispositionen aufbrechen läßt. Allerdings haben die einzelnen Teile keine konturscharfen Ränder; sie gehen fast unmerklich und zufällig ineinander über. Das hängt mit dem Gesprächsverhalten der beiden zusammen.

zu d) Dieses fügt sich nicht zu einem Dialog, in dem die Gesprächspartner aufeinander Bezug nehmen, in dialektischer Form Gedanken argumentativ entwickeln, um zu verbindlichen Einsichten zu gelangen. Es ist assoziativ, sprunghaft, Stimmungen und Affekten unterworfen, bricht plötzlich ab und setzt wieder neu ein.

zu e) Mit der Szene I. 5 setzt der Verfasser am Ende des ersten Aktes einen wirkungsvollen dramatischen Schlußpunkt.

Die Lebenswelt der Jugendlichen, ihre Probleme, Konflikte und Wünsche, sind anschaulich geworden. Gleichzeitig wird deutlich, zu welchen Aggressionen der ihnen abgepreßte Triebverzicht führt. Die libidinösen und aggressiven Triebe verlangen nach Auslösung; sie schaffen sich ihre eigenen Ventile. So bezeichnet das Verhalten Wendlas, das die Befriedigung in einer Mischung von Lust und Schmerz sucht, eine grelle Dissonanz zum familiären Genrebild zu Beginn des Dramas. Dessen Fassade zerschlägt es gründlich; weiteres Unheil steht ins Haus.

Hausaufgaben

Die in der folgenden Doppelstunde zu bearbeitende Schlußszene ist sehr umfangreich und komplex; deshalb müssen zwei vorbereitende Hausaufgaben gestellt werden. Zum einen sollen die Schüler die Schlußszene sorgfältig lesen; zum anderen ist von ihnen die Funktion der Rolle des vermummten Herrn zu kennzeichnen.

V. Sequenz: Schlußbetrachtung

18./19. Stunde: Die Schlußszene – eine allegorische Problemlösung?

Sachanalyse

In ihrer ästhetischen Gestalt hebt sich die Schlußszene des Stückes deutlich von den vorausgegangenen Szenen ab. In ihr verbinden sich Reales und Irreales, Eigentliches und Allegorisches, Rationales und Groteskes. Wenn es noch eines letzten Beweises bedürfte, steht diese Szene überhaupt für die antinaturalistische Dramenkonzeption des Autors ein. Der Szene kommt in mehrfacher Hinsicht eine besondere Bedeutung zu: In ihr vereinigen sich und enden die um die drei Hauptfiguren zentrierten Handlungen. Melchior, aus der Korrektionsanstalt entwischt und auf der Flucht vor seinen Verfolgern, findet das Grab Wendlas, die, so suggeriert es der Grabstein, an der Bleichsucht gestorben ist, und macht sich Vorwürfe, ihren Tod verschuldet zu haben. Am Grab trifft er seinen toten Freund Moritz Stiefel, der, den Kopf unter dem Arm, ihn dazu überreden möchte, ihm ins Totenreich zu folgen. Damit droht das Stück und mit ihm Melchior unglücklich zu enden. Auch der von Wedekind so nachdrücklich geforderte humoristische Inszenierungsstil scheint an dieser Konstellation zu zerbrechen. Der jugendliche Traum von einem hoffnungsfrohen Leben scheint in dieser kalten Novembernacht auf dem Friedhof ausgeträumt. Doch Wedekind gibt dem Handlungsverlauf noch einmal eine unverhoffte Wendung. Die tödliche Bedrohung in Gestalt des kopflosen Moritz wird überlegt und überlegen durch Humor entzaubert, als Spuk entlarvt, lächerlich gemacht. Die Behauptung tragischen Ernstes, ein Abgesang in Pathos, ist nicht das, was der Autor intendiert. Ein drittes Opfer ist ihm zuviel. „Es widerstrebte mir", so schreibt er fünf Jahre nach der Uraufführung des Dramas, „das Stück, ohne Ausblick auf das Leben der Erwachsenen, unter Schulkindern zu schließen. Deshalb führte ich in der letzten Szene den Vermummten Herrn an. Als Modell für den aus dem Grab gestiegenen Moritz Stiefel, die Verkörperung des Todes, wählte ich die Philosophie Nietzsches." (Materialien, 21). Der vermummte Herr, der genauso plötzlich auf die Bühne kommt, wie er wieder verschwindet, ist eine allegorische Figur. Der Ausblick aufs Leben transzendiert die Realität ins Sinnbildliche. Dem kopflosen Moritz, der den Tod verkörpert, ist ein Widerpart erwachsen. Damit wird das dramatische Geschehen, das schon zu erlahmen drohte, erneut aktiviert. Melchior kann zwischen Tod und Leben wählen, eine Entscheidungssituation, die durchaus an den Goetheschen Faust erinnert, dem in der Stunde tiefster Depression Mephisto erscheint. Dieser vermummte Herr ist allerdings kein Vertreter des Jenseits, kein „deus ex machina" der griechischen Tragödie, der den Helden aus der Verstrickung löst; dafür ist er zu stark im Diesseitigen verwurzelt. Er ist es ja gerade, der Melchior auffordert, sich ihm anzuvertrauen, damit er ihm die Welt erschließen könne. Fast programmatisch bekennt er sich zu einer irdischen Genußphilosophie. Er „ist ein Mensch" (70), so muß auch Melchior erkennen. Freilich wird er als Mensch vom Autor nicht konturiert bzw. individualisiert. Seine Vermummung ist ein Symbol für ein noch verhülltes Leben, besser: für ein Leben, auf das Melchior sich einzulassen hat, das Wagnis und Verheißung zugleich bedeutet. Der vermummte Herr ist möglicher Lebenshorizont Melchiors. In dieser Funktion kann er die vorgebliche Erhabenheit Moritz' als faulen Zauber, als erbärmliches, billiges Komödiantentum entlarven; in dieser Funktion kann er aber auch die pervertierte Moral einer Gesellschaft aufdekken, die die Jugendlichen in den Tod getrieben hat, um weiterhin ihren egoistischen Interessen frönen zu können. Die Aufklärung, die der vermummte Herr Melchior zuteil werden läßt, ist durch Zynismus bestimmt; zynisch erklärt er dem verstörten Melchior, daß sein Vater nun Trost in den kräftigen Armen seiner Mutter suche. Im lässigen Parlando enttarnt er die Scheinheiligkeit bürgerlicher Moral. Für ihn ist der Gegensatz von kindlicher Natur und bürgerlicher Gesellschaft schief. Trotz aller Widerwärtigkeit, so bilanziert er, muß der einzelne sich den Ansprüchen der bürgerlichen Gesellschaft stellen. Er muß sie letztlich als Kampfplatz egoistischer Interessen erkennen. Damit ist klar, daß der vermummte Herr für Melchior nicht die verkörperte Utopie eines besseren naturhaften Lebens jenseits gesellschaftlicher Interessen und Zwänge sein kann. Für Wedekind gibt es in dieser Welt kein Arkadien. Hielte er in der Gestalt des vermummten Herrn diesen utopischen Anspruch aufrecht, dann würde er selbst nur den schönen Schein reproduzieren, den dieser an Moritz desillusioniert. Für ihn gilt es, die gesellschaftlichen Widersprüche auszuhalten.

Er gibt einen „Ausblick aufs Leben der Erwachsenen", „aber dieses mörderische Erwachsenenleben war im Drama in seiner ganzen erbärmlichen Unmenschlichkeit gezeigt worden". (Materialien, 34) Dennoch, der vermummte Herr meint als Lebensentwurf nicht die kleinbürgerliche Welt mit ihren engen Verhältnissen, ihrer verlogenen Moral, die dem einzelnen in seinen Triebansprüchen nicht mehr gerecht werden. Er, der selbst in der Kleidung des Mannes von Welt auftritt, will Melchior mit dem bekannt machen, „was die Welt Interessantes bietet" (68). Damit wird zwar nicht deutlich, wie dieses Leben konkret aussieht, aber es wird klar, wie es zu nehmen ist: Es wird allein lebenswert durch den Genuß. Das Lustprinzip ist das sinnliche Integral dieses Lebens. Bezeichnenderweise macht der vermummte Herr Moritz darauf aufmerksam, daß er selbst in dem Gespräch, das dieser mit Ilse führte, anwesend war: „Sie standen doch wahrlich auch im letzten Augenblick noch zwischen *Tod* und *Leben*." (70) Retrospektiv wird damit auch Ilse noch zu einer Personifikation des Lebens. Ihr Lebensstil, verwurzelt in subkulturellen Verhältnissen, ist zumindest eine Möglichkeit, das Interessante der Welt zu erfahren. Gleichwohl zeigt sich in ihr das Paradoxon der Wedekindschen „Lösung" am sinnfälligsten. Die Freiheit im (sexuellen) Genuß bedeutet zwar Distanz, ja Opposition zur Triebunterdrückung im Kleinbürgertum, doch ist sie auf die gesamtgesellschaftlichen Verhältnisse projiziert, immer nur scheinbar: „Ilses Erfahrungen widerlegen allerdings diese Illusion, denn in der entfremdeten Sexualpraxis einer Prostituierten reproduzieren sich die marktwirtschaftlichen Verkehrsformen, die nun auch Sinnlichkeit zur Ware werden lassen" (Roth, 117). Der vermummte Herr bleibt so, auch wenn ihm Wedekind durchaus positive Züge verliehen hat, schillernd. Er ist eben auch Mephisto; er will zum Leben verführen. Das ist für Melchior fraglos ein Wagnis, ein Experiment. Bedeutet dies aber nicht im Grunde genommen, daß Melchior sich nun mit den Verhältnissen, freilich auf seine Art, arrangieren muß?

Unterrichtsverlauf

Phase 1:
Der irreale Charakter der Schlußszene

Da die Untersuchung der Schlußszene die letzte Arbeitssequenz innerhalb der für die Sek. I geplanten Unterrichtseinheit darstellt, sollte sie nach Möglichkeit einen resümierenden Charakter haben oder zumindest gedankliche Impulse für die Gesamtbetrachtung des Stückes bereitstellen. Die Schüler geben zunächst spontan ihre Eindrücke und Erfahrungen bei der Lektüre der Schlußszene wieder. Vermutlich betonen sie den irrealen Charakter und Verlauf der Szene. Vorzugsweise machen sie deren Irrealität und Irrationalität an der Person des kopflosen Moritz und der Rolle des vermummten Herrn fest. Vielleicht merken sie an, daß die räumliche (Friedhof) und zeitliche Gestaltung der Szene (helle Novembernacht) deren unwirkliche Erscheinung noch verstärkt. Unter Umständen werden sie schon bemüht sein, erste erläuternde Hinweise zur Irrealität der Szene zu geben. Wahrscheinlich werden sie deren Handlungsverlauf in einem psychologisierenden Sinne erläutern und ihn als Traumbild Melchiors verstehen.

Phase 2:
Rekonstruktion der Fabel

Eine Deutung der Schlußszene setzt das Wissen um deren inhaltlichen Verlauf voraus. Ihn sollen die Schüler aufgrund ihrer Lektüreerfahrungen rekonstruieren. Zunächst verdeutlichen sie die inhaltlichen Voraussetzungen und die Ausgangsposition der Szene: die Flucht Melchiors aus der Korrektionsanstalt und seine Entdeckung des Grabes von Wendla. Dann erläutern sie die Situation des völlig verzweifelten Melchiors: Dieser fühlt sich als Mörder Wendlas und will sich angesichts des moralischen Druckes, der nun auf ihm lastet, das Leben nehmen. Doch sein Selbsterhaltungstrieb ist stärker; in letzter Sekunde entscheidet er sich für ein neues Leben.

Phase 3:
Antithetischer Aufbau

Die Rekonstruktion von Situation und Fabel wird erste Gesichtspunkte für eine Ermittlung der Struktur der Schlußszene liefern. Diese soll gemeinsam mit den Schülern dynamisch an der Tafel entwickelt werden. Das Tafelbild macht den dialektischen Charakter der Szene anschaulich. Sie ist als Entscheidungsszene zu verstehen und daher von großer dramatischer Spannung: Melchior steht zwischen den Fronten, zwischen Leben und Tod. Diese Polarisierung droht ihn aufzureiben. Hin- und hergerissen entscheidet er sich fürs Leben. Die antithetische Struktur ist zunächst einmal wertfrei zu konstatieren. Um sie terminologisch abzusichern, kann vom Lehrer der Begriff der Allegorie eingeführt werden. Daß Wedekind mit dieser Szene das Pathos konventioneller Entwicklungs- bzw. Entscheidungsdramatik parodiert, solche den bloßen strukturanalytischen Zugriff transzendierende Erkenntnis, sollte in dieser Phase aus arbeitstechnischen Gründen noch nicht entwickelt werden. Sie bedarf der Charakterisierung der beiden Kontrahenten und der Analyse ihrer Reden.

Phase 4:
Der vermummte Herr

Abweichend von der Chronologie der Szene ist zunächst die Rolle des vermummten Herrn zu kennzeichnen. Zu diesem Zweck stellen einzelne Schüler die Ergebnisse ihrer häuslichen Arbeiten vor. Vermutlich werden sie das entscheidende charakteristische Merkmal dieser Gestalt darin erblicken, daß ihre Erscheinung, also das, was ihr in der Regel individuelle Konturen verleiht, dem Publikum verborgen bleiben soll. Diese Figur ist unwirklich, läßt sich nicht festlegen. Allenfalls kann man aus ihren Reden, aus ihren Lebensansichten, die sie dem fassungslosen Melchior skizziert, ein wenig erschließen, wie sie wirkt: überlegen und überlegt, elegant und weltmännisch. Zynisch entlarvt sie die kleinbürgerliche Misere, der Melchior entflohen und an der Moritz zugrunde gegangen ist. Für Melchior verkörpert diese Gestalt das Leben; für ihn will sie auch eine Art Mentor-Funktion übernehmen, ihn ins Leben führen und ihn dort mit allem, was interessant und zu genießen ist, vertraut machen. In bezug auf die Erscheinung Moritz' wirkt sie desillusionierend. Sie entzaubert dessen vorgebliche Erhabenheit, beweist im Diskurs mit ihm ihr Wissen und ihre Souveränität. Die von den Schülern erbrachten Charakterisierungs- und Funktionsmerkmale sollten stichwortartig unter die jeweiligen Positionen des Tafelbildes subsumiert werden. Das gilt auch für die Resultate der folgenden Phase.

Phase 5:
Moritz als erhabener Humorist

Mit der Herausarbeitung der Bedeutungen und Funktionen, die die Gestalt des vermummten Herrn für Moritz besitzt, kann zwanglos in die folgende Arbeitsphase eingeleitet werden. Sie dient der Charakterisierung des Auftrittes von Moritz. Dieser erweist sich in seiner Erscheinung, seinem Auftreten und Sprechen genauso irreal, ja fast noch skurriler als der vermummte Herr. Genauso unvermittelt wie jener tritt er auf. Nachgerade auffällig ist jetzt die Differenz zu der Rolle, die er vormals im Kreise seiner Mitschüler spielte. Unsicherheit und Schamhaftigkeit sind von ihm abgefallen. Überhaupt scheinen die Rollen von Melchior und Moritz gänzlich vertauscht zu sein. Gegenüber dem verzweifelten Melchior spielt er die Rolle des distanzierten, die menschliche Komödie belächelnden „Humoristen", der die Vorzüge des Todesreiches preist. Doch in dem Maße, wie der vermummte Herr das Leben, das Bühnengeschehen, erklärt und in Regie nimmt, drängt er die Ansprüche des Todes, weist er die Bemühungen des kopflosen Moritz ab, Melchior ins Totenreich hinüberzuziehen. Am Ende verläßt er gemeinsam mit Melchior die Bühne, um ihn ins Leben zurückzuführen, derweil Moritz in seinem „Reich" bleibt, isoliert und in sich selbst versunken.

Phase 6:
Verfremdung durch Humor und Parodie – Versuch einer Bilanz

Die Vielfalt der Aspekte und das komplexe Bedeutungsgefüge der Schlußszene bedürfen der resümierenden Betrachtung und vertiefenden Interpretation. Dabei ist an die ersten Deutungsversuche in der Spontanphase anzuknüpfen und deren Resultate in die Analyse einzubeziehen. In seinem Mittelpunkt steht die allegorische Problemlösung, die der Autor zum Schluß in Szene setzt. Den Schülern wird auffallen, daß das Stück – wider die Titelerwartung – nicht tragisch endet. Der Zuschauer wird nicht mit großen Posen und Leidenschaften konfrontiert und verabschiedet; Mitleiden und Schrecken löst das Finale nicht aus. Im Gegenteil, Pathos und Ernst werden im Verlauf der Szene verfremdet und karikiert; so verliert sich auch die identifikatorische Teilhabe der

Zuschauer am Geschehen. Die Schüler werden dies primär auf den irrealen Charakter der Szene zurückführen: Der kopflose Moritz wirkt nicht schrecklich, sondern komisch; der vermummte Herr wird nicht als reale Person, sondern als Theaterfigur gesehen. Solche Irritation durch Derealisation und Mummenschanz rückt das Publikum, so erkennen die Schüler, in die Distanz, schafft eine fast heitere Bewußtheit als Rezeptionshaltung. Vielleicht gelingt es ihnen, in den Reden der Figuren Auslöser für Humor und Komik wahrzunehmen (z. B. „Moritz: Gewiß, es wird kühl meine Herren! – Man hat mir zwar meinen Sonntagsanzug angezogen, aber ich trage weder Hemd noch Unterhosen.") (70)

Ob zum Abschluß des Gespräches die der Szene immanente parodisierende Haltung herausgefiltert wird, hängt von vorausgegangenen Lektüreerfahrungen der Schüler ab. Eine begriffliche Konturierung dieses Aspektes scheint nur dann sinnvoll, wenn sie im Unterricht schon einmal eine Tragödie klassischer Prägung untersucht haben. Auf jeden Fall sollten indes die das Stück selbst transzendierenden zukünftigen Lebensperspektiven Melchiors diskutiert werden. Der Ausblick aufs Leben, den der vermummte Herr dem jungen „Helden" gewährt, läßt die satirische Verurteilung der bürgerlichen Gesellschaft, aber auch die elegische Klage um den Traum von einem unschuldigen natürlichen Leben hinter sich. Aber gerade darin muß auch für die Schüler das Hauptproblem des Stückes liegen: Ist es nicht widersprüchlich, den Helden in die bürgerliche Gesellschaft zurückzuführen, die sich vorher in ihrer ganzen Unmenschlichkeit gezeigt hatte? Diese bleibt allemal janusköpfig, auch wenn sie Melchior nun mit anderen Augen zu sehen gelernt hat.

4. Klausurvorschläge

Aufgabe 1:

Interpretiere Bedeutung und Funktion der Briefszene (II. 5).
- Kennzeichne Inhalt und Aufbau des Briefes.
- Arbeite die Absicht der Verfasserin heraus.
- Untersuche die Sprache des Briefes.
- Mache deutlich, wie sich Frau Gabor durch das Schreiben des Briefes selbst charakterisiert.

Aufgabe 2:

Vergleiche die Lebensvorstellungen der Mädchen in I. 3 mit den Gedanken, die die Jungen in III. 6 über ihre Zukunft äußern.

Aufgabe 3:

Untersuche den Anfang der Begräbnisszene III. 2 (bis „Der Regen läßt nach").
- Zeige auf, wie sich die ältere Generation durch ihr Auftreten und Sprechen in der Szene selbst charakterisiert.
- Analysiere Bedeutung und Funktion der sprachlichen Mittel in der Rede von Pastor Kahlbauch.
- Kennzeichne und erläutere die Absicht, die Wedekind mit dieser Szene verfolgt.

Aufgabe 4:

Stelle dir vor, du sollst deinen Mitschülern in einer Schülerzeitung das Buch (bzw. das Theaterstück) „Frühlings Erwachen" vorstellen. Schreibe eine Rezension zum Buch. Berücksichtige dabei folgende Aspekte: den Inhalt, den Aufbau, die Hauptcharaktere, die Absicht des Verfassers, die mögliche Wirkung des Stückes.

Aufgabe 5:

Analysiere den zweiten Teil der Szene III. 5 (Wendlas: „Was hat er noch gesagt"; 59. Z. 19). Berücksichtige dabei den Inhalts-, Beziehungs- und Sprachaspekt des Gespräches.

Aufgabe 6:

„Die Frontstellungen sind klar bezeichnet. Die Welt der Kinder wird von ursprünglicher, ‚natürlicher' Menschlichkeit beherrscht, die Welt der Erwachsenen von der Praxis und Ideologie bürgerlichen Lebens. Beide sind unvereinbar, die bürgerliche Gesellschaft mordet alle Natürlichkeit, erstickt sie unter einem falschen Begriffs- und Wertungssystem gesellschaftlicher Normen." (Vgl. Materialien, M. Hahn: „Frühlings Erwachen" als Kritik an der bürgerlichen Gesellschaft, 34).
Erläutere diese Deutung von „Frühlings Erwachen" beispielhaft am Text. Erörtere vor diesem Hintergrund die Lösung, die Wedekind in der Schlußszene seines Dramas entwickelt.

Aufgabe 7:

Kennzeichne und erläutere die zentralen Thesen, die Nietzsche in seinem Text „Kritik an der bildungsbürgerlichen Jugenderziehung" vertritt. (Vgl. Materialien, 12f.). Vergleiche Nietzsches Kritik mit der Darstellung der schulischen Erziehung in Wedekinds Stück.

5. Literaturhinweise

A. Textausgaben

Frank Wedekind. Werke in drei Bänden. Herausgegeben und eingeleitet von Manfred Hahn. Berlin/Weimar 1969.

Frank Wedekind. Frühlings Erwachen. Eine Kindertragödie. Mit einem Nachwort von Georg Hensel. Stuttgart 1971 (= RUB 7951).

B. Materialien und Kommentare

Frank Wedekind. „Frühlings Erwachen". Materialien. Ausgewählt und eingeleitet von Peter Bekes. Stuttgart 1986.

Frank Wedekind. Frühlings Erwachen. Erläuterungen und Dokumente. Herausgegeben von Hans Wagener. Stuttgart 1981.

C. Sekundärliteratur zu Wedekind

Gundolf, Friedrich: Frank Wedekind. In: Trivium 6. 1948. S. 187–217.

Hahn, Manfred: Frank Wedekind. Leben und Werk. In: Frank Wedekind. Werke in drei Bänden. Bd. 1. Berlin/Weimar 1969. S. 7–93.

Irmer, Hans-Jochen: Der Theaterdichter Frank Wedekind. Werk und Wirkung. 2. Aufl. Berlin 1979.

Jesch, Jörg: Stilrichtungen im Drama Frank Wedekinds. Diss. Marburg 1959.

Kuhn, Anna Katharina: Der Dialog bei Frank Wedekind. Untersuchungen zum Szenengespräch der Dramen bis 1900. Heidelberg 1981. S. 22–81.

Kutscher, Artur: Frank Wedekind. Sein Leben und sein Werk. 3 Bde. München 1922–1931.

Pickerodt, Gerhart: Frank Wedekind: Frühlings Erwachen. Grundlagen und Gedanken zum Verständnis des Dramas. Frankfurt/Berlin/München 1984.

Roth, Friedhelm: Frank Wedekind: „Frühlings Erwachen". In: Von Lessing bis Kroetz. Hrsg. von Jan Berg u. a. Kronberg 1975. S. 104–137.

Rothe, Friedrich: Frank Wedekinds Dramen. Jugendstil und Lebensphilosophie. Stuttgart 1968.

Rothe, Friedrich: Frühlings Erwachen. Zum Verhältnis von sexueller und sozialer Emanzipation. In: studi germanici 7. 1969. S. 30–41.

Seehaus, Günter: Frank Wedekind und das Theater. München 1964 (Neuausgabe: Rommerskirchen 1973).

Seehaus, Günter: Frank Wedekind. In Selbstzeugnissen und Bilddokumenten. Reinbek bei Hamburg 1974.

Vinçon, Hartmut: Frank Wedekind. Stuttgart 1987 (= Sammlung Metzler. Bd. 230).

Völker, Klaus: Frank Wedekind. Velber bei Hannover 1965. Ergänzte und überarbeitete Ausgabe 1977.

Vohland, Ulrich: Wider die falsche Erziehung. Zu Wedekinds „Frühlings Erwachen«. In: Diskussion Deutsch 10. 1979. S. 3–18.

Wagener, Hans: Frank Wedekind. Berlin 1979.

D. Allgemeine Literatur

Die Schule in der Literatur. Hrsg. von Karl Ernst Maier. Bad Heilbrunn 1972.

Klotz, Volker: Geschlossene und offene Form im Drama. München 1969.

Kraul, Margret: Das deutsche Gymnasium 1780–1980. Frankfurt/Main 1984.
Kulturkritik und Jugendkult. Hrsg. von Walter Rüegg. Frankfurt/Main 1974.
Marx, K./Engels, F.: Werke in 40 Bänden. Die deutsche Ideologie Band 3. Berlin 1957f.
Weber-Kellermann, Ingeborg: Die deutsche Familie. Versuch einer Sozialgeschichte. Frankfurt/Main 1974.
Zweig, Stefan: Die Welt von Gestern. Erinnerungen eines Europäers. Frankfurt 1984.

1. Stunde: Aktuelle Bezüge		*Frühlings Erwachen*
Unterrichtsphasen	**Methodische Hinweise**	**Erwartungen / Ergebnisse**
Phase 1: Vorinformationen über den Gegenstand	Lehrervortrag Vorlesen des Textes von Wedekind aus dem Materialienband (z.B. II. 1 und II. 4).	Knappe Hinweise zur Fabel und zu den zeitlichen und sozialen Entstehungsbedingungen des Stückes. Das Drama selbst ist vor ca. 100 Jahren geschrieben worden und galt lange Zeit aufgrund „anstößiger" Stellen als Skandalstück. Im Mittelpunkt des Stückes stehen Jugendliche, die in ständiger Auseinandersetzung mit schulischen und familiären Ansprüchen und in der Erfahrung ihrer eigenen Körperlichkeit zu sich selbst finden möchten, die von ihren Erziehern in ihren Bemühungen weder verstanden noch unterstützt werden, so daß sie schließlich scheitern.
Phase 2: Erfahrungen der Schüler mit schulischer und familiärer Erziehung	Schülervortrag Schüler liest Erfahrungsbericht der Jugendlichen vor; spontane Äußerungen zum Text.	Vermutliche Einschätzungen: Zustimmung zu den Erfahrungen der Schülerin (Frustrationen, Schulstreß, Verunsicherung durch den Vater, Null-Bock-Stimmung); Betonung des Realitätsgehaltes der von ihr dargelegten Probleme; Rückbindung dieser Probleme an Erfahrungen in ihrer eigenen Lebenswelt.
	Unterrichtsgespräch a) Welche Gedanken und Gefühle verbindet ihr mit schulischer Erziehung?	Stichworte: Leistungsdruck, Angst vor Klassenarbeiten und Prüfungen, Überdruß an Hausaufgaben, langweilige Unterrichtsinhalte, Ungerechtigkeiten, übertriebene Ordnungsansprüche; eventuell auch positive Einschätzungen: Schule als Lebenshilfe; Knüpfen von sozialen Beziehungen; kooperatives Arbeitsklima; Gemeinschaftsbewußtsein.
	b) Wie beurteilt ihr die Gespräche, die ihr mit euren Erziehern führt?	Stichworte: Trennung von schulischen und familiären Erziehungsprozessen: Betonung der größeren Vertraulichkeit familiärer Kommunikation; skeptische Beurteilung des Lehrer-Schüler-Verhältnisses: keine individuelle Betreuung, fehlende Gesprächsmöglichkeiten; vermutlich kontroverse Beiträge dazu, ob sie sich von ihren Erziehern verstanden fühlen.
	c) Sollte man mit seinen Erziehern über Probleme der Sexualität sprechen? In welcher Weise? Worüber?	Stichworte: Unterschiede zwischen schulischer und familiärer Aufklärung; Offenheit/Verschlossenheit im Gespräch orientiert sich an Bezugspersonen (unter Umständen rollenbedingt); Aufklärungsgespräch aus sozialen und hygienischen Gründen geboten.

Unterrichtsphasen	Methodische Hinweise	Erwartungen / Ergebnisse
Phase 3: Bilanzierung der Gesprächsergebnisse	fragend-entwickelnd - Welche Schlüsse lassen sich aus unserem Gespräch ziehen? - Welche Aspekte sind wichtig?	Mögliche Folgerungen: Die Normen und Anforderungen der Erzieher sind häufig unverträglich mit den individuellen Bedürfnissen, Vorstellungen und Interessen der Jugendlichen; diese fühlen sich eingeengt, überfordert, nicht ernst genommen und unverstanden. In den Gesprächen mit den Erziehern werden sie mit Ansprüchen und Entscheidungen konfrontiert, deren Autorität unbefragt von ihnen hingenommen werden muß.

Hausaufgabe:

Lest den Text „Die Schule im vorigen Jahrhundert" von Stefan Zweig (vgl. Mat., 9 ff.). Macht euch während eurer Lektüre Notizen zu den schulischen Erfahrungen des jungen Zweig. Sprecht mit euren Eltern und Großeltern darüber und fragt, ob sie diese Erfahrungen bestätigen können. Erkundigt euch, ob früher in der Familie bzw. Schule über Probleme der Sexualität gesprochen wurde.

2. Stunde: Der Textanfang – Expositionsprobleme		Frühlings Erwachen
Unterrichtsphasen	**Methodische Hinweise**	**Erwartungen / Ergebnisse**
Phase 1: Erziehung am Ende des 19. Jahrhunderts	Schüleräußerungen zum Zweig-Text. Unterrichtsgespräch Vorstellung und Austausch der Informationen aus den Interviews.	Stichworte und Aspekte aus dem Text von Zweig: Arbeitsüberlastung durch die Schule; kein Raum für Freizeit; Schulzeit „ein ständiger gelangweilter Überdruß" (10; Z.2);monotoner herz- und geistloser Schulbetrieb (10; Z. 5/6); „Schule war für uns Zwang, Öde, Langeweile" (10; Z. 21); „ödes Lernen nicht um des Lebens willen" (10; Z. 27); Schule „ein kalter Lernapparat" (10; Z. 39); Schulklima geprägt durch „menschliche Lieblosigkeit, ... nüchterne Unpersönlichkeit und das Kasernenhafte des Umgangs" (11; Z. 4–6); Schule als Instrument zur Aufrechterhaltung staatlicher Autorität (11; Z. 20–24); Verinnerlichung von Gehorsamsprinzipien. Bestätigung der Informationen von Zweig: größere Strenge, härtere Auslese; autoritäre Strukturen; schärfere Bestrafung; Sexualität und Themen der Aufklärung als Tabu; rigidere Vorstellung von Moral.
Phase 2: Gemeinsames Lesen von I.1	Schüler lesen I.1 mit verteilten Rollen (evtl. Wiederholung des Lesens); anschließend Schüleräußerungen zum Text	Mögliche Aspekte: Vergleich der thematischen Gesichtspunkte des Gespräches mit Erfahrungen aus der eigenen Lebenswelt; Kennzeichnung von Zeit- und Unzeitgemäßem (z. B. Kritik am Verhalten der Frau Bergmann); Verständnisfragen zu einzelnen Begriffen: Prinzeßkleidchen, Nachtschlumpe, Litze, Volants, Diphtheritis; Irritation auf Wendlas Todesahnung: „Wer weiß – vielleicht werde ich *nicht* mehr sein" (5).
Phase 3: Rolleninterpretation und situativer Kontext	fragend-entwickelnd – Welche Gesprächssituation liegt vor? – Welche Eigenschaften kommen den Rollen von Mutter und Tochter zu?	Aspekte: Es handelt sich um ein alltägliches familiäres Gespräch mit scheinbar belanglosem Thema; das Milieu, in dem das Gespräch spielt, ist kleinbürgerlich; Anlaß des Gespräches ist der Geburtstag Wendlas. Frau Bergmann geht völlig in ihrer Mutterrolle auf; sie ist fürsorglich und auf die Einhaltung von Konventionen bedacht; dabei wirkt sie oberflächlich, unbeweglich in ihrem Denken und Verhalten; sie ist fast ein wenig borniert. Wendla ist trotzig und keck, darauf bedacht, ihre eigenen Interessen durchzusetzen; Forschheit und Unbefangenheit zeichnen ihr Verhalten aus; ihr Denken wirkt sprunghaft und assoziativ, ist noch von Gegensätzen geprägt (Lebensfreude – Todesahnung).

Unterrichtsphasen	Methodische Hinweise	Erwartungen / Ergebnisse
	– In welchem kommunikativen Verhältnis stehen beide Rollen zueinander?	Beide Figuren reden aneinander vorbei; der Konflikt bzw. das eigentliche Problem wird von Frau Bergmann verdrängt, durch Konventionen zugedeckt; ihre Gesten entspringen aus Verlegenheit; beispielsweise macht der Kuß ihre Unfähigkeit sinnfällig, sich dem Problem der Pubertät ihrer Tochter zu stellen. Wendla kann sich noch nicht abgeklärt über ihre eigene Situation äußern; Frau Bergmann will und kann es nicht.
Phase 4: Gemeinsames Lesen von I. 2 (wenn genügend Zeit bleibt)	Schüler lesen I. 2 mit verteilten Rollen (wenn genügend Zeit bleibt); anschließend Schüleräußerungen zum Text	Stichworte: kein Zusammenhang zwischen den Szenen I. 1 und I. 2; Unterschiede zwischen den beiden Szenen im Hinblick auf die Quantität der Figuren, den Ort und den Inhalt des Gespräches. Eventuell: Rückkopplung der Aspekte des Schülergespräches an den Text von Zweig: Bestätigung der von Zweig herausgefundenen Merkmale schulischer Erziehung, wie z. B. Arbeitsüberlastung, stumpfsinniges Lernen, Mangel an Freizeit. Möglicherweise: Vergleich mit Schulproblemen gegenwärtiger Jugendlicher.

Hausaufgabe:

Lektüre des Stückes „Frühlings Erwachen“ von Frank Wedekind.
(Lektürezeitraum etwa 1 Woche)

3. Stunde: *Titel, Titelbild und Personenverzeichnis*	*Frühlings Erwachen*

Unterrichtsphasen	**Methodische Hinweise**	**Erwartungen / Ergebnisse**
Phase 1: Haupt- und Nebentext als konstitutive Textschichten des Dramas	Lehrerhinweise Erläuterungen zur begrifflichen Differenzierung von Haupt- und Nebentext.	Im Drama bezeichnet man die gesprochenen Passagen der Dramenfiguren (Figurenrede) als Haupttext; diejenigen Passagen, die in der Bühnenrealisierung nicht gesprochen werden, bezeichnet man als Nebentext. Beide Textschichten sind meistens typographisch voneinander abgehoben.
Phase 2: Elemente des Nebentextes	fragend-entwickelnd – Welche Momente gehören zum Nebentext? – Welche Funktionen haben sie innerhalb des Lektüre- und Inszenierungsprozesses?	Tafelanschrieb Zum Nebentext zählen der Dramentitel, Widmungsschriften, Vorwort, Personenverzeichnis, Akt- und Szenenmarkierungen, Bühnen- und Regieanweisungen, Hinweise zu den Figuren. Die Elemente des Nebentextes sind erwartungsbildend. Der Autor kann mit Hilfe der Informationen des Nebentextes die Aneignung des Dramas (z. B. die Bühnenrealisierung) steuern. Er gibt erste Hinweise und Hintergrundinformationen über Personen, Ort, Zeit und Handlung.
Phase 3: Kommunikative Funktionen des Nebentextes	Gruppenarbeit (arbeitsteilig) Gruppe I: – Welche Erwartungen und Eindrücke lösen der Titel, Untertitel und das Titelbild aus? – In welchem Verhältnis stehen Titel, Untertitel und Titelbild zueinander? Gruppe II: – Welche Bedeutungen und Erwartungen lassen sich mit den Namen und Kennzeichnungen des Personenverzeichnisses verbinden? – Welches Vorverständnis läßt sich in bezug auf die Rolle des vermummten Herrn formulieren?	

Unterrichtsphasen	Methodische Hinweise	Erwartungen / Ergebnisse
Phase 4: Titel, Untertitel, Titelbild – Personenverzeichnis, Widmung	Auswertung der Gruppenarbeit Schülervortrag Gruppe I: (eventuell Erweiterungen und Korrekturen durch das Plenum). eventuell Lehrerinformationen zum Begriff der Kindertragödie Schülervortrag Gruppe II: (eventuell Erweiterungen und Korrekturen durch das Plenum)	Mit dem Titel konnotiert der Leser aufkeimende Liebe, aufblühende Natur, hoffnungsfroh erwachendes Leben. Der Untertitel signalisiert Dramatik und tödlichen Ausgang; Hauptträger der Handlung ist das Kollektiv der Kinder. Die auf dem Titelblatt abgebildete helle Frühlingslandschaft veranschaulicht die Bedeutungsmomente des Titels (als Stimmungsbild). Titel und Untertitel kontrastieren miteinander. Das lyrische Stimmungsbild wird durch den vorausdeutenden Untertitel auf Tragik und Tod hin verfremdet (vgl. Tafelbild s.u.). Wedekind rückt erstmals Schüler ins Zentrum der dramatischen Fabel. Dieser Typus des Kinderstücks wird nach 1890 von mehreren Dramatikern aufgegriffen (z. B. Halbe: „Jugend“) und setzt sich als neues Paradigma auch durch. Das Personenverzeichnis ist heterogen und umfangreich; weder soziale Hierarchie noch dramatisches Gegenspiel erkennbar; Hinweise auf familiäre Beziehungen (sein Vater, seine Mutter etc.) sowie auf Standes- und Berufsverhältnisse (Gymnasialprofessoren, Rentier etc.). Das Personenverzeichnis ist Abbild der bürgerlichen Verhältnisse einer Kleinstadt. Differenzierung der Personen durch Eigennamen und sprechende Namen (Vorausdeutungen); exponierte Funktion des vermummten Herrn wird durch Widmung deutlich. Er ist Konstruktionsfigur des Autors.
Phase 5: Textvorlage – Bühneninszenierung	fragend-entwickelnd – Welche Funktionen haben die Elemente des Nebentextes, die vor und zwischen den Redepartien innerhalb des Dramas auftauchen?	Die dramatische Textvorlage ist eine Art Partitur für die Einrichtung des Bühnenstückes. Zentraler Bestandteil des Nebentextes sind die Regieanweisungen. Sie illustrieren und kommentieren die Reden der Figuren und formulieren situative Vorgaben.

Hausaufgabe:

Welche Faktoren bestimmen eine Theateraufführung?
Notiere dazu Stichworte!

Tafelbild zu Phase 4:

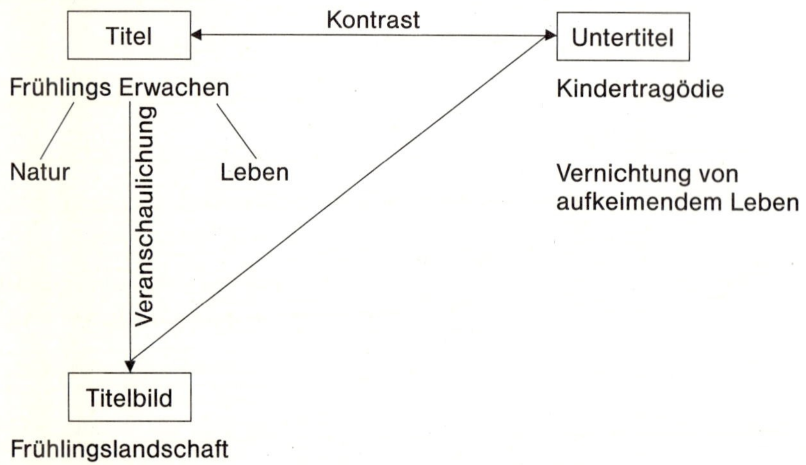

4. Stunde:
Das Drama als Theaterstück – Zensurzwänge und Inszenierungspraxis

Frühlings Erwachen

Unterrichtsphasen	**Methodische Hinweise**	**Erwartungen / Ergebnisse**
Phase 1: Elemente der Theatervorstellung	Schülervortrag Vorstellen der Hausarbeitsergebnisse; deren Darstellung und Auswertung durch Tafelanschrieb.	Tafelanschrieb Technisch-organisatorische Mittel der Inszenierung: Beleuchtung, akustische Signale, Bewegung des Vorhangs, Bühnenform, Bühnenbild, Kostüme, Masken, Requisiten.
Phase 2: Produktion des Theaterstückes	fragend-entwickelnd – Wie entsteht ein Theaterstück? – Welche Arbeitsphasen sind erforderlich, damit es als Bühnenstück vom Publikum gesehen werden kann? Tafelbild	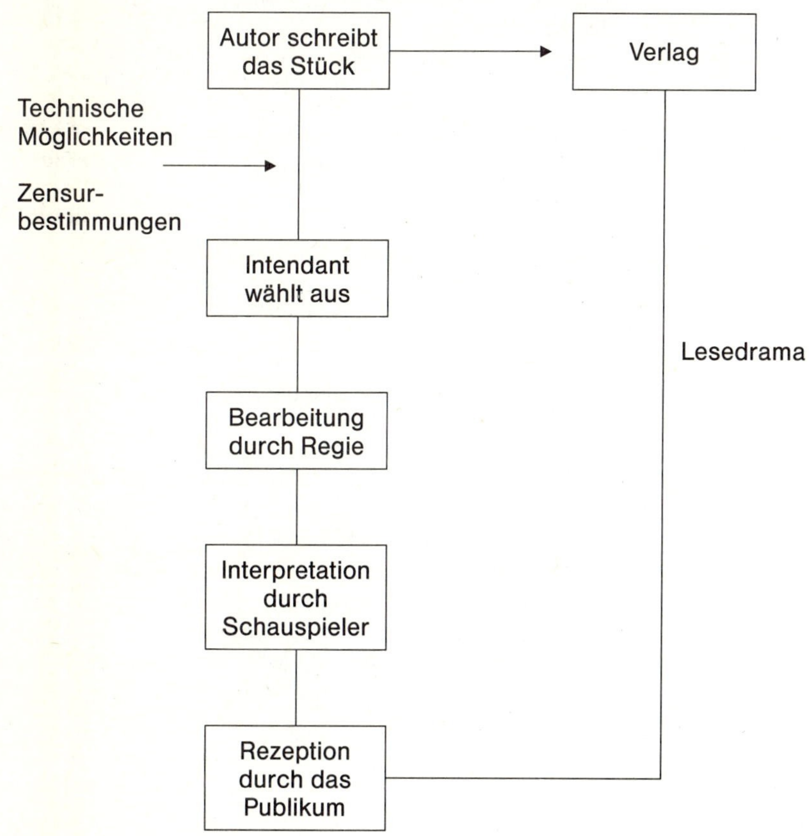

Unterrichtsphasen	Methodische Hinweise	Erwartungen / Ergebnisse
Phase 3: Zensurmaßnahmen	Lehrervortrag Darstellung der Zensurbestimmungen, die die Inszenierung des Stückes am Ende des 19. Jahrhunderts verhinderten.	Wedekinds Stück galt 15 Jahre als Buchdrama; die freizügige Behandlung von sexuellen Problemen und die satirische Darstellung der Erziehung in ihm waren nicht vereinbar mit den Zensurbestimmungen. Bei der Reinhardtschen Uraufführung des Stückes mußten zahlreiche Kürzungen und Streichungen in Kauf genommen werden; danach wiederum Verbote; erst 1912 Freigabe des Stückes.
Phase 4: Technische Probleme der Inszenierung	Partnerarbeit Skizziert einen Bühnenplan für die Szene I.1. Überlegt dabei, welche Requisiten ihr verwenden und wie ihr sie stellen würdet.	
Phase 5: Bühnenplan zu I.1	Schüleräußerungen Die Schüler skizzieren und erläutern ihre Pläne. Vergleich und Diskussion der Entwürfe im Plenum.	Vermutlich werden die Schüler ihre Skizzen so einrichten, daß ein Abbild des Bergmannschen Wohnzimmers entsteht (kleinbürgerliches Milieu); eventuell Kritik an diesem naturalistischen Bühnenplan: zu aufwendig; Dominanz des Milieus überwuchert den Dialog von Mutter und Tochter.
Phase 6: Abstrakter oder naturalistischer Inszenierungsstil?	Falls nicht schon in der Diskussion die Unhaltbarkeit einer naturalistischen Bühnenkonzeption für das Stück deutlich wird, ist deren Problematik durch fragend-entwickelndes Verfahren anhand der Gesamtanlage des Dramas zu erarbeiten: – Welche dramaturgische Form der Inszenierung bietet sich an, wenn man bedenkt, daß fast mit jeder neuen Szene des Dramas ein Ortswechsel verbunden ist?	Der rasche Orts- und Bühnenwechsel innerhalb des Stückes macht eine naturalistische Bühnenkonzeption nahezu unmöglich. Gegen den naturalistischen Inszenierungsstil setzt Wedekind eine abstrakte Dramaturgie: Requisiten und Bühnenbild sollen reduziert verwendet werden. Diese sollen bedeuten und andeuten (z. B. das Prinzeßkleidchen), Stimmungen vergegenwärtigen, Räume imaginieren, den Dialog und die Gebärdensprache der Figuren kommentieren. Bilanz: Da die Theaterpraxis um 1890 an naturalistischen Inszenierungsmodellen orientiert, zudem die Technik der Drehbühne noch nicht voll entwickelt war, war an eine Inszenierung des Stückes in dieser Zeit kaum zu denken.
Hausaufgabe: Fertigt ein Szenarium (in tabellarischer Form) zu Wedekinds Stück an! Dokumentiert in ihm die Auftretenshäufigkeit der Figuren sowie den Ort und den Zeitpunkt der jeweiligen Szenen. Notiert stichwortartige Zusammenhänge und Eigenschaften, die euch an der tabellarischen Übersicht auffallen!		

5./6. Stunde: Aufbau des Stückes	Frühlings Erwachen

Unterrichtsphasen	Methodische Hinweise	Erwartungen / Ergebnisse
Phase 1: Statistik als Vorstufe der Analyse	fragend-entwickelnd – Welche Funktion hat die Erstellung eines Szenariums? – Welche Informationen für Analyse und Deutung lassen sich ihm entnehmen?	Funktionen: Schnelle und differenzierte Erfassung der Textzusammenhänge, dadurch Überblick über den Text und Vertiefung der Lektüreerfahrungen. Informationen: Statistische Daten zeigen die Dominanz und Beziehungen von Figuren, Handlungen und Räumen an; geben Aufschlüsse über raumzeitliche und personelle Verteilung.
Phase 2: Figuren	Schüleräußerungen Schüler stellen ihre Beobachtungen zum Szenarium vor. Plenum ergänzt und differenziert die Vorträge. fragend-entwickelnd – Was bedeutet die große Auftretenshäufigkeit der Jugendlichen Melchior, Moritz und Wendla für die Figurengestaltung des Stückes?	Tafelanschrieb Dominante Figuren im Kollektiv der Jugendlichen: Melchior (8 Auftritte) Wendla (7 Auftritte) Moritz (5 Auftritte) Dominante Figuren im Kollektiv der Erwachsenen: Frau Bergmann (3 Auftritte) Frau Gabor (3 Auftritte) Melchior, Moritz und Wendla repräsentieren die Hauptrollen; sie treten in 15 von insgesamt 19 Szenen auf. Zumindest eine von diesen Figuren tritt an exponierter Stelle auf: zu Beginn oder am Ende des Aktes.
Phase 3: Handlungsstränge	fragend-entwickelnd – Wie wirkt sich die Figurenkonzeption auf die Entwicklung der Handlung(en) aus?	Den drei Hauptrollen sind jeweils drei Einzelhandlungen zugeordnet. Diese Handlungsstränge setzen unterschiedlich ein, vereinigen sich und streben wieder auseinander. Zwei der Handlungsstränge enden mit dem Tod der Protagonisten. In der Schlußszene werden alle drei Handlungen noch einmal zusammengeführt. Damit ist das Prinzip der Einheit der Handlung aufgegeben: Die Handlungsstränge sind heterogen, nicht systematisch aufeinander aufgebaut.

Unterrichtsphasen	Methodische Hinweise	Erwartungen / Ergebnisse
Phase 4: Individual- und Kollektiv-szenen	Lehrerhinweis Begriffliche Differenzierung von Individual – und Kollektivszenen (in einem quantitativem Sinne).	Unter einer Individualszene ist eine Szene zu verstehen, in der nicht mehr als zwei bzw. drei Figuren miteinander sprechen; in einer Kollektivszene tritt eine Vielzahl an Personen auf.
Phase 5: Positionen und Funktionen der Kollektivszenen	Partnerarbeit (anhand des Szenariums) – An welchen Stellen im Drama erscheinen Kollektivszenen? – Welche Funktionen haben sie an den jeweiligen Stellen?	Dominanz der Kollektivszenen im I. und III. Akt; I. Akt: Gesonderte Vorstellung der Jungen- und Mädchengruppe I. 2; I. 3; I. 4. III. Akt: Kompakte Vorstellung des Kollektivs der älteren Generation in III. 1; III. 2. 1. Die Kollektivszenen des ersten Aktes erfüllen Expositionsaufgaben; sie charakterisieren die drei Hauptfiguren im Kreise ihrer Freunde und Mitschüler. 2. Die Kollektivszenen des dritten Aktes machen die Abhängigkeit der Jugendlichen von gesellschaftlichen Normen und Institutionen deutlich. 3. Individual- und Kollektivszenen erläutern sich wechselseitig (komplementäres Verhältnis); Schul- und Identitätsprobleme, die in den Kollektivszenen allgemein artikuliert werden, werden in den Individualszenen in anschaulicher Weise gegenwärtig.
Phase 6: Fremdbestimmung von Figuren und Handlungen	fragend-entwickelnd – Wie beeinflussen die Vorstellungen, Normen und Institutionen der älteren Generation die Lebensverläufe der drei Hauptfiguren? (Sicherung und Festigung der voraufgegangenen Erkenntnisse durch Tafelbild, s. S. 11).	Melchior, Moritz und Wendla haben keine Möglichkeit, ihre Identität frei zu wählen; sie werden in ihren Handlungen zunehmend fremdbestimmt durch die rigiden gesellschaftlichen Ansprüche der bürgerlichen Erwachsenenwelt. Moritz und Wendla gehen daran zugrunde; Melchior ist am Ende völlig isoliert; er steht zwischen Leben und Tod und entscheidet sich für ein Leben in der bürgerlichen Gesellschaft, die ihre Opfer gefordert hat.

Hausaufgabe:

Lektüre des autobiografischen Textes von Wedekind (Mat., 36 ff.).

Tafelbild zur Phase 6

Schaubild zur Handlungs- und Figurenkonzeption

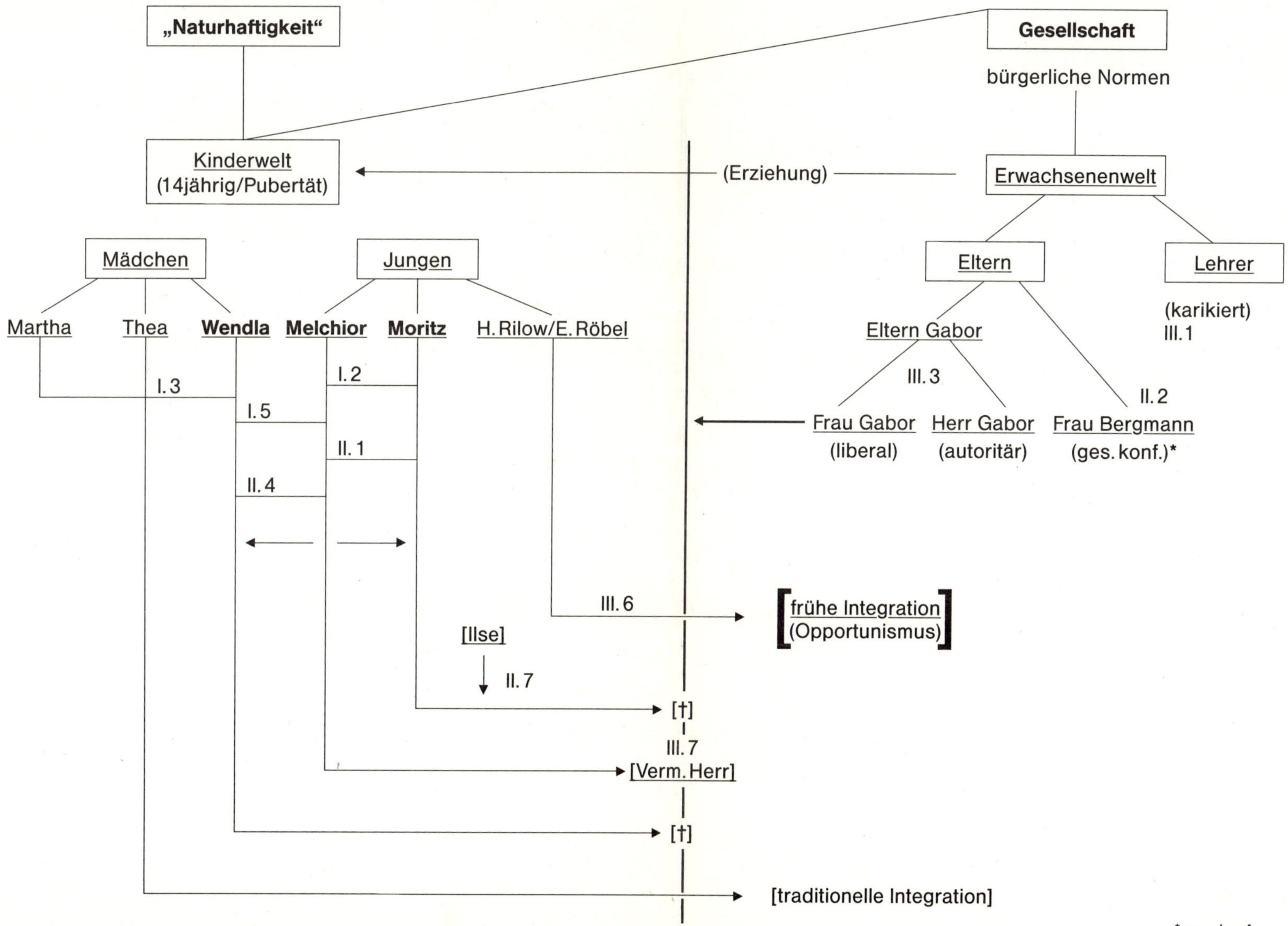

* ges. konf. = gesellschaftskonform

7. Stunde:
Erziehung um 1890 – Biografische und sozialgeschichtliche Aspekte

Frühlings Erwachen

Unterrichtsphasen	**Methodische Hinweise**	**Erwartungen / Ergebnisse**
Phase 1: Der junge Wedekind	Schülervortrag Biografie Wedekinds; Schüler folgen dem Referat anhand des autobiografischen Textes von Wedekind und der chronologischen Übersicht (vgl. Mat., 36 ff. und 38 ff.).	
Phase 2: Biografie und Drama	a) Unterrichtsgespräch – Wie wirken sich die schulischen und familiären Erfahrungen des Autors auf die Problemgestaltung seines Stückes aus? b) fragend-entwickelnd – Welche Erfahrungen aus seinem sozialen Umfeld hat der junge Wedekind verarbeitet? Dazu eventuell Lehrerhinweise mit Zitaten aus dem Briefwechsel Wedekinds und Vögtlins (vgl. Sachanalyse zur 7. Stunde).	a) Kein unmittelbarer Zusammenhang zwischen Biografie und Werk; allenfalls Wedekinds gespanntes Verhältnis zum Vater als Erklärung für die Vatererfahrung Melchiors. b) Anschauungsmaterial für sein Drama gewann der Autor aus den Lebensverhältnissen von Mitschülern und Freunden: z. B. der Selbstmord F. Oberlins (vgl. Briefwechsel Wedekinds mit Vögtlin). Dieser Fall weist Gemeinsamkeiten mit der Geschichte Moritz' auf.
Phase 3: Die Entstehung der kleinbürgerlichen Familie	Stillarbeit Lektüre des Textes von I. Weber-Kellermann (vgl. Mat., 13 ff.). Partnerarbeit – Arbeitet die wichtigsten Thesen der Autorin heraus! – Stellt die Rollenverteilung in der kleinbürgerlichen Familie graphisch dar!	

Unterrichtsphasen	Methodische Hinweise	Erwartungen / Ergebnisse
Phase 4: Die Rollenverteilung in der kleinbürgerlichen Familie	Schülervortrag Thesen der Autorin; Graphik(en) an der Tafel (vgl. Tafelbild, s. u.); eventuell Ergänzung und Modifikation der Schaubilder durch Beiträge aus dem Plenum.	Thesen der Autorin: 1. Vor der Mitte des 19. Jahrhunderts war die Frau (Mutter) mit vielfältigen Aufgaben/Pflichten in die arbeitsteilige Wirtschaftsordnung der Großfamilie eingebunden. 2. Die Trennung von Arbeits- und Wohnstätte weist ihr eine neue Rolle im häuslichen Bereich zu (zuständig für Küche, Kirche, Kinder). 3. Der Hausbereich, früher ein Ort wirtschaftlicher Produktion, wandelt sich zu einer Stätte des Konsums. 4. Frau und Kinder geraten in die wirtschaftliche Abhängigkeit vom Mann, der allein die Interessen der Familie in der beruflichen und politischen Lebenswelt vertritt („Entmündigung im öffentlichen Leben“, 14).
Phase 5: Familiäre Konstellationen im Drama	fragend-entwickelnd – Welche familiären Gruppierungen tauchen im Stück auf? Erläutert diese vor dem Hintergrund der Überlegungen von Weber-Kellermann!	1. Familie Bergmann: Frau Bergmann – Wendla 2. Familie Gabor: Herr Gabor – Frau Gabor – Melchior 3. Familie Stiefel: Rentier Stiefel – (Frau Stiefel) – Moritz zu 1) Kleinbürgerliche Familie ohne Vaterfigur; Frau Bergmann als Erzieherin ihrer Tochter; wirtschaftliche Voraussetzungen der Familie bleiben unklar. zu 2) Patriarchalische bürgerliche Familie (Mittelstand); charakteristische Arbeitsteilung: Herr Gabor als Jurist außerhalb des Hauses tätig; Frau Gabor als gebildete, liberale Erzieherin ihres Sohnes; wirtschaftliche Abhängigkeit Frau Gabors und Melchiors. zu 3) Patriarchalische bürgerliche Familie: Erziehungsfunktionen sind aus der Familie an die Schule delegiert; Prestigedenken des Vaters; Desavouierung der Mutter (die im Stück nicht auftritt) durch Leugnung seiner Vaterschaft: „Der Junge war nicht von mir“, 48).

Hausaufgabe:

Lektüre von II. 2 und III. 5 (Leitender Lektüreaspekt: das Erziehungsverhalten der Frau Bergmann).

Tafelbild zu Phase 4

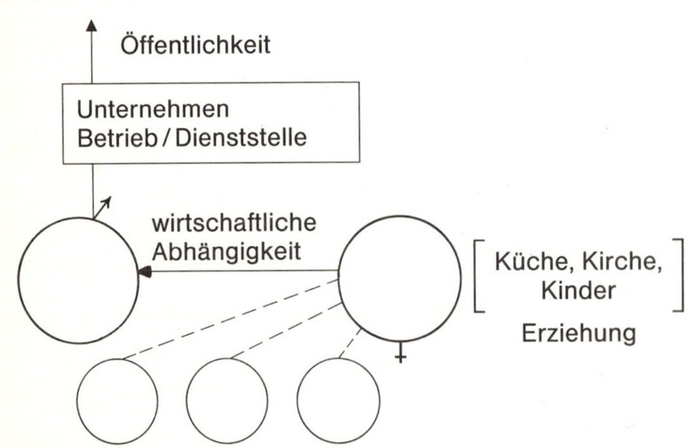

8. Stunde: Entlarvung durch Komik: Frau Bergmann		*Frühlings Erwachen*
Unterrichtsphasen	**Methodische Hinweise**	**Erwartungen / Ergebnisse**
Phase 1: Gemeinsames Lesen von II. 2 und Rolleninterpretation	Schüler lesen II. 2 mit verteilten Rollen; (ansatzweise: szenische Realisierung); anschließend Schüleräußerungen zum (szenischen) Vortrag	Schüler gewinnen Einsichten in dialogische Konstitution der Rede; sie versuchen durch ihren Vortrag, Beziehungen zwischen den Rollen deutlich zu machen. Hinweise zur Rolleninterpretation: Kriterien: Alter, Intelligenz, Sprachvermögen, Charakter.
Phase 2: Dialoganalyse: Inhalts-, Beziehungs- und Sprachaspekt	Lehrerhinweis Rekurs auf das Kommunikationsmodell; Einführung von zwei Arbeitsbegriffen der Dialoganalyse: Inhalts- und Beziehungsaspekt.	Strukturelle Erfassung des Dialogs und der Dialogsituation zwischen Mutter und Tochter: Inhaltsaspekt: Informationen, z. B. Erfahrungen, Meinungen, Probleme, die die Gesprächspartner im Dialog austauschen; hier wird das „Was" des Gespräches thematisiert. Beziehungsaspekt: Verhältnis, Voreinstellungen der Gesprächspartner zueinander; zwischenmenschliche Beziehung, die sich in Mimik und Gestik artikulieren kann; hier wird das „Wie" des Gespräches thematisiert.
Phase 3a: Inhaltsaspekt	fragend-entwickelnd – Welche Informationen bzw. Mitteilungen enthält das Gespräch von Frau Bergmann und Wendla? Welche Funktion haben diese?	Geringer Informationsaustausch innerhalb des Dialogs; Anlaß des Gespräches: Frau Bergmann berichtet von der Geburt ihres dritten Enkels; dabei Rückgriff auf Fiktionen (Märchen vom Klapperstorch) als Kaschierung von Sexualität. Fazit: Frau Bergmann hat ein gestörtes Verhältnis zur Wahrheit und Wirklichkeit. Wendla bringt kaum neue Informationen ins Gespräch; Rückgriff auf Fiktionen (Schornsteinfeger), um die Verschleierungsmanöver ihrer Mutter bloßzustellen.
Phase 3b: Beziehungsaspekt	fragend-entwickelnd – Welche Beziehungen haben Mutter und Tochter in ihrem Gespräch zueinander? Hilfestellung: Achtet insbesondere auf die Anreden, die die Gesprächsteilnehmer benutzen.	Frau Bergmann bietet ihrer Tochter ein Beziehungsmuster an, das für diese allein die Rolle des naiven, unreifen Kindes vorsieht. („Du bist schon auf, Kind? – Sieh, das ist schön von dir!", 28). Wendla entlarvt im Verlauf des Gespräches dieses Beziehungsangebot („Du kannst doch im Ernst nicht verlangen, daß ich bei meinen vierzehn Jahren noch an den Storch glaube." 30) und weist der Mutter ihrerseits ein kindliches Rollenschema zu („Faß dir ein Herz, Mutter!" 30).

Unterrichtsphasen	Methodische Hinweise	Erwartungen / Ergebnisse
Phase 3c: Sprachaspekt	<u>fragend-entwickelnd</u> – Wie drücken die Gesprächspartner die Inhalte und Beziehungen sprachlich aus?	Formelhaftigkeit und Leere in den Reden der Frau Bergmann; sie spricht in Regieanweisungen; Emphase, Wiederholungen, Ellipsen sind charakteristische Figuren ihres Sprechens.
Phase 4: Verfremdung durch Komik	<u>fragend-entwickelnd</u> – Welche Absicht verfolgt der Autor mit der Vorstellung dieser Szene? – Welche Mittel setzt er ein, um seine Absichten zu verwirklichen?	<u>Absichten:</u> Verfremdung der Szene durch Komik und Satire; Erziehungsverhalten der Frau Bergmann wird der Lächerlichkeit preisgegeben. <u>Mittel:</u> Komik durch Kontraste, z. B. pathetische Gebärde des Enthüllenwollens – banale Verhüllung durch die Schürze; theatralischer Aufwand – inhaltsarmes Resultat.

Hausaufgabe:

Lektüre von II. 1 und III. 3. Charakterisiert in schriftlicher Form das Erziehungsverhalten der Frau Gabor.

9. Stunde: Familiäres Tribunal – Frau und Herr Gabor

Frühlings Erwachen

Unterrichtsphasen	Methodische Hinweise	Erwartungen / Ergebnisse
Phase 1: Charakterisierung der Frau Gabor	Schüleräußerungen Auswertung der Hausaufgaben; Lehrer greift wichtige Stichworte der häuslichen Arbeit auf (Tafelanschrieb).	Tafelanschrieb Merkmale des Erziehungsverhaltens der Frau Gabor: mütterlich, freizügig, partnerschaftlich, flexibel, einfühlsam, kritisch, gebildet, emanzipiert Herr Gabor: formal, autoritär, repressiv, unmenschlich, verständnislos
Phase 2: Liberaler und autoritärer Erziehungsstil	fragend-entwickelnd – In welcher Weise unterscheidet sich das Erziehungsverhalten der Frau Gabor von dem ihres Mannes?	
Phase 3: Pervertierte Gerichtsverhandlung	Partnerarbeit – Rekonstruiere die Positionen (Behauptungen, Argumente, Folgerungen), die Frau und Herr Gabor in der Szene III. 3 vertreten! Auswertung der Partnerarbeit durch Tafelbild (s. S. 17).	Die Szene ist der Struktur und Rollenverteilung gemäß als Gerichtsszene konzipiert: Frau Gabor als Verteidigerin, Herr Gabor als Ankläger, Melchior als Angeklagter. Argumentationsgang der Frau Gabor: Sie wehrt sich gegen den Versuch der Schule, Melchior zum Sündenbock abzustempeln, und betont die Unverhältnismäßigkeit der von ihrem Mann geforderten Strafe. Melchiors Handlung, die Abfassung der Schrift über den Beischlaf, ist für sie Beweis seiner Unreife, Harmlosigkeit und Unberührtheit. Da mit der Handlung ihres Sohnes auch ihr Erziehungsideal auf dem Spiel steht, riskiert sie sogar gegenüber ihrem Mann die Koalitionsfrage. Argumentationsgang des Herrn Gabor: Vorverurteilung des Sohnes; ohne nach Gründen für seine Handlung zu fragen, versucht er, seine Vorurteile im trockenen Juristenjargon zu erhärten. Dabei kritisiert er nicht nur die Erziehungsmethoden seiner Frau (Verweichlichung, allzu große Nachgiebigkeit), sondern kanzelt die Handlung seines Sohnes als „moralischen Irrsinn" ab. Fazit: Da die Anklage des Herrn Gabor den Widerstand seiner Frau nur noch verstärkt, bringt er mit Melchiors Brief einen neuen Aspekt ins Spiel, der letztlich die Position seiner Frau erschüttert.

Unterrichtsphasen	Methodische Hinweise	Erwartungen / Ergebnisse
Phase 4: Egoismus der Frau Gabor	fragend-entwickelnd – Welche Gründe veranlassen Frau Gabor dazu, die Rolle des Verteidigers aufzugeben und sich der Entscheidung ihres Mannes zu fügen, Melchior in die Korrektionsanstalt zu schicken?	Der liberale Erziehungsstil der Frau Gabor erweist sich am Ende der Szene nur als Fassade. Diese zerbricht, als sie anhand des Briefes, den Melchior verfaßt hat, erkennt, daß sie ihren Sohn nicht mehr als Objekt ihrer Idealvorstellungen, als schöne, unschuldige Seele besitzt. Ihr latenter Egoismus: Besitzansprüche in bezug auf Sohn und Mann. Dazu entlarvend die Aussage des vermummten Herrn in der letzten Szene.
Phase 5: Eltern und Jugendliche	Unterrichtsgespräch in resümierender Form. – In welcher Weise läßt sich das Verhältnis von Eltern und Jugendlichen allgemein charakterisieren?	Die Jugendlichen werden von den Eltern im Stich gelassen. Die erwachsene Generation ist verlogen, borniert, intolerant, autoritär; sie zeigt wenig Verständnis für die Probleme der Jugendlichen.

Tafelbild zu den Phasen 3 und 4

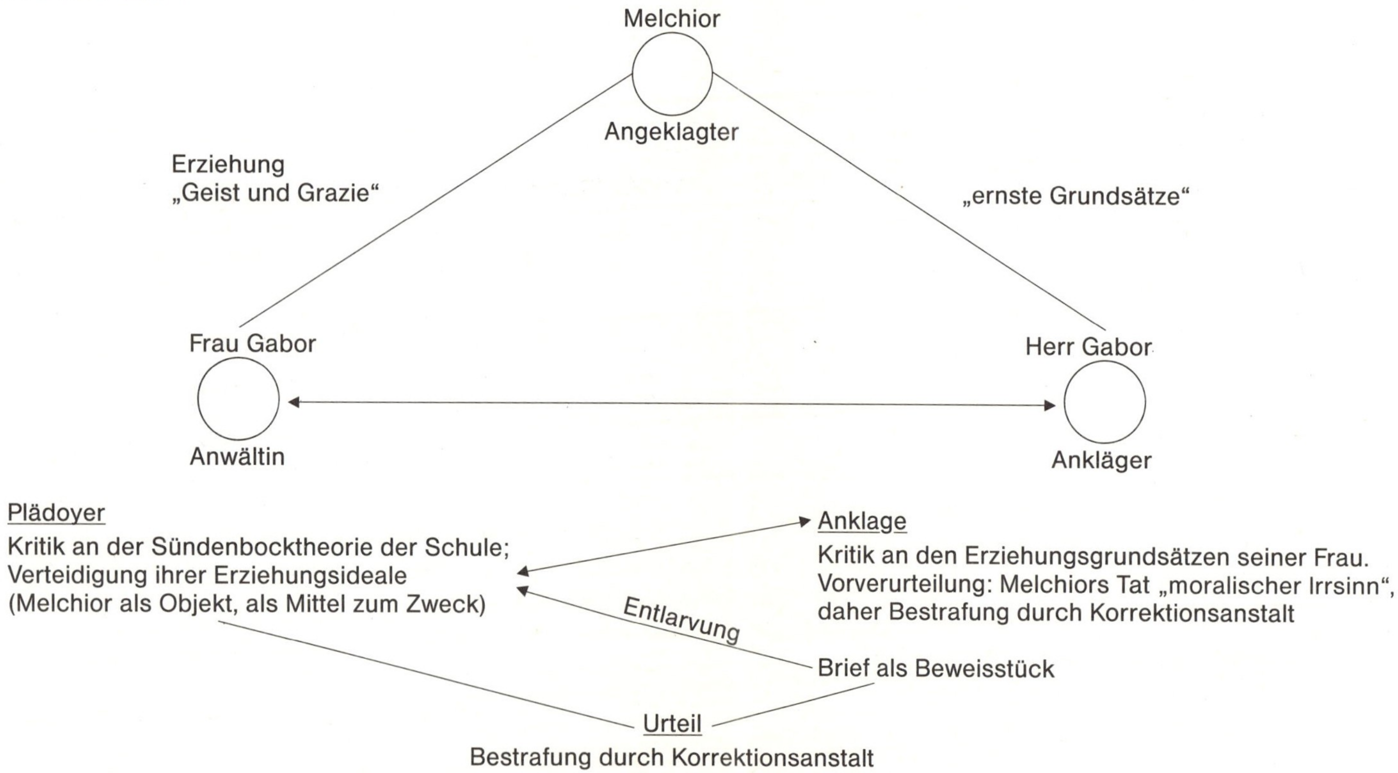

10. Stunde:
Aufklärung – Sexualpädagogik Wedekinds

Unterrichtsphasen	**Methodische Hinweise**	**Erwartungen / Ergebnisse**
Phase 1: Überwindung des Körper-Geist-Dualismus'	Lehrerhinweis Zum Stellenwert des Textes innerhalb der Sequenz; zu den Entstehungsbedingungen (Zeit, Anlaß, medialer Ort) des Beitrages von Wedekind. Erläuternder Vortrag des Lehrers zu den dem Textausschnitt vorausgegangenen Passagen.	Aufklärung und Sexualpädagogik als Probleme des Zeitgespräches um die Jahrhundertwende; der Text als theoretisches Gegenstück zu den sexualpädagogischen Problemen des Dramas. Bei dem Text handelt es sich um einen Vortrag, den der Autor am 10.11.1910 im Berliner Verein „Pan" gehalten hat; Publikation des Vortrages in der gleichnamigen Halbmonatsschrift; später unter dem Titel „Über Erotik" als Einleitung zu seiner Erzählanthologie „Feuerwerk". Ausgangspunkt der Argumentation Wedekinds: Ablehnung des seit Jahrhunderten bestehenden Gegensatzes von Körper und Seele; Betonung der Dominanz des Fleisches über den Geist; Anerkennung der Bedeutung der Erotik als „Geist des Fleisches".
Phase 2: Spontane Reaktionen auf den Text	Schülervortrag Schüler liest den Text vor; spontane Äußerungen zum Inhalt und unter Umständen zur Form des Textes.	Möglicherweise: Beiträge zum Problemansatz (Selbstmorde als Konsequenz unsachgemäßer bzw. verweigerter sexueller Aufklärung) und zur Problemlösung des Textes (Liberalisierung sexueller Aufklärung); kritische Würdigung polemischer Formulierungen des Autors: Die Verdummung der Jugendlichen in sexuellen Fragen sei „ein wahnwitziges Verbrechen" (Mat., 15); Anmerkungen zur sprachlichen Gestalt des Textes: verständlich, Einbeziehung des Publikums durch Fragen, lockerer Gesprächston, unsystematisch.
Phase 3: Argumentationsgang des Autors	Stillarbeit Intensive Auseinandersetzung mit dem Text. – Arbeitet Problemformulierung und Problemlösung des Textes heraus! Rekonstruiert und erläutert dabei die Thesen und Argumente des Verfassers!	Thesen Wedekinds 1. Die Familie ist zuständig für sexuelle Aufklärung. 2. Die Erklärung von Sexualität ist von Vorurteilen und Mythenbildungen zu befreien. 3. Konflikte in der Ehe resultieren häufig aus Aufklärungsdefiziten, d.h. aus dem Unvermögen der Beteiligten, sexuelle Probleme angemessen zu erörtern. 4. Das offene Gespräch der Eltern mit den Jugendlichen über Sexualität trägt auch zur Erläuterung des körperlichen Verhältnisses der Ehepartner bei.

Unterrichtsphasen	Methodische Hinweise	Erwartungen / Ergebnisse
Phase 4: Kritische Würdigung	Vorstellung der Thesen des Verfassers mündet in ein Unterrichtsgespräch darüber ein: Welche Behauptungen des Verfassers erscheinen euch plausibel? Welche lehnt ihr ab?	Erwartungen: Im wesentlichen Zustimmung zu den liberalen Thesen des Autors; Formulierung von Leitbegriffen für eine aufgeklärte Sexualpädagogik: Offenheit, Vorurteilslosigkeit, Wahrheit. Kritik an der vom Autor postulierten Dominanz des Sexuellen im Leben („neben unserem Broterwerb vielleicht das allerwichtigste Gebiet unseres irdischen Daseins“, Mat., 17).
Phase 5: Drama – Aufsatz	fragend-entwickelnd – Vergleicht Drama und Aufsatz im Hinblick auf ihre jeweilige Problementfaltung! Welche Gemeinsamkeiten und Unterschiede ergeben sich? (Tafelanschrieb)	Tafelanschrieb Drama / Aufsatz anschaulich – abstrakt-programmatisch poetisch – theoretisch kein Lehrstück über Sexualität – Propagierung einer neuen Moral Darstellung der Probleme Jugendlicher – Entwicklung diagnostischer und therapeutischer Möglichkeiten in der Sexualpädagogik ↘ ↙ Kritik an der verlogenen Moral in der bürgerlichen Gesellschaft

Hausaufgabe:

Lest die Szenen, in denen die schulische Wirklichkeit dargestellt wird (vgl. I. 2; I. 4; II. 1 [Anfang]; III. 1; III. 2 [Ende]). Formuliert anhand eurer Lektüreerfahrungen Leitfragen zur Erschließung des Problembereiches Schule innerhalb des Textes!

11./12. Stunde:
Die Schule aus der Sicht der Jugendlichen

Frühlings Erwachen

Unterrichtsphasen	Methodische Hinweise	Erwartungen/Ergebnisse
Phase 1: Schlüsselfragen zur Schulproblematik	Spontane Schüleräußerungen zur Frage: – Welche Bedeutung und Funktion hat die Thematik der schulischen Erziehung für die Gesamtproblematik des Stückes? Schülervortrag: Vorstellung der Ergebnisse der Hausaufgaben	Formulierung von Erwartungen – Anknüpfung an den Problemkomplex der familiären Erziehung. a) Zusammenstellung der Textbelege, in denen das Verhältnis der Jugendlichen zur Schule thematisiert wird: I. 2; I. 4; II. 1; III. 1; III. 2 b) Formulierung von Leitfragen: – Welche Schulprobleme werden von den Jugendlichen im Stück angesprochen? – Welche Rolle spielt die Schule für die Schüler in ihrem Alltagsleben? – Wie wird die Schule, wie werden die Lehrer dargestellt?
Phase 2: Gliederung der Textbelege nach dramaturgischen Gesichtspunkten	fragend-entwickelnd – In welcher Weise können die Textbelege gegliedert werden? (alternativ: Lehrervortrag) – Wie werden Figuren und Ereignisse innerhalb eines Dramas charakterisiert? Tafelbild I (s. S. 23) – Wie lassen sich die Textbelege entsprechend den Charakterisierungsformen ordnen?	Mögliche Äußerungen: Anhand der Figuren, Probleme, Anschauungen, eventuell anhand von Szenen- (Individual- und Kollektivszenen) oder Charakterisierungstypen. 1) Direkte, explizite, narrative Charakterisierungsform – Ereignisse und Personen werden in Abwesenheit dargestellt und beurteilt. 2) Indirekte, implizite, szenische Charakterisierungsform – Figuren charakterisieren sich selbst durch ihr Verhalten. 1) In I. 2, I. 4, II. 1 und III. 2 werden Schule und Lehrer durch die Jugendlichen direkt charakterisiert. 2) In III. 1 und am Ende von I. 4 charakterisiert sich die Institution der Schule anhand ihrer Vertreter selbst.

Unterrichtsphasen	Methodische Hinweise	Erwartungen / Ergebnisse
Phase 3: Das Verhältnis der Jugendlichen zur Schule	Gruppenarbeit I. Gruppe I. 2; I. 4 — II. Gruppe II. 1; III. 2 Fragestellungen a) Welche Schulprobleme sprechen die Jugendlichen an? b) Wie sehen sie die Schule und ihre Vertreter?	
Phase 3a: Schulprobleme der Jugendlichen	Schüleräußerungen Die Schüler der ersten Teilgruppe tragen ihre Ergebnisse zur Frage a) vor; gegebenenfalls Ergänzungen durch die zweite Teilgruppe.	Erwartete Ergebnisse: zu a) Hausaufgaben werden als fremd, belastend, sinnlos empfunden; Leistungs- und Konkurrenzdruck; mechanisches Lernen von Stoffmassen; zusammenhanglose, lebensfremde Unterrichtsinhalte; wenig Freizeit und Kreativität.
Phase 3b: Schule und Lehrer aus der Sicht der Jugendlichen	Die Schüler der ersten Teilgruppe referieren ihre Ergebnisse zur Frage b); die zweite Gruppe konkretisiert diese am Beispiel von Moritz.	Erwartete Ergebnisse: zu b) Schule wird als Examinieranstalt gesehen (I. 2); organisatorische Erfordernisse (geringes Platzangebot) bedingen Selektionsprozesse (I. 4); Lehrer als unmenschliche Formalisten und Bürokraten (II. 1).
Phase 4: Die Entfremdung zwischen den Jugendlichen und der Schule	Auswertung und Bilanzierung der Gruppenresultate im Unterrichtsgespräch; Veranschaulichung des Resümees durch das Tafelbild II (s. S. 23). Fragestellungen – Welches Verhältnis haben die Jugendlichen zur Schule? – Welche Konsequenzen ziehen sie daraus?	Folgende Thesen sind denkbar: – Die Schule ist für die Jugendlichen eine fremde Macht, deren Mechanismen man hilflos ausgesetzt ist. – Deren pädagogische Berechtigung und Lebensbezug werden verneint. – Die Schule zwingt die Jugendlichen zur Entwicklung von Überlebensstrategien.

11./12. Stunde: (Fortsetzung)
Die Schule aus der Sicht der Jugendlichen

Frühlings Erwachen

Unterrichtsphasen	**Methodische Hinweise**	**Erwartungen / Ergebnisse**
Exkurs: Der Fall Moritz	fragend-entwickelnd/ Unterrichtsgespräch – Worin liegen die Ursachen für den Selbstmord Moritz'? Erstellung von Tafelbild III (s. S. 23).	Gründe: – Schulversagen / Leistungsdruck – Prestigedenken und Renommiersucht des Vaters – Labile psychische Konstitution – Pubertäre Spannungen – Identitätskrise
	Diskussion – Beurteilt den Fall Moritz vor dem Hintergrund eurer eigenen schulischen Erfahrungen!	Artikulation und Austausch von Erfahrungen: Angst vor Schulversagen, schlechten Klassenarbeiten und Zeugnissen; Hinweise – auf die Bedeutung der schulischen Leistungen angesichts des geringen Lehrstellenangebotes und des ungünstigen Arbeitsmarktes; – auf die Verständnislosigkeit der Erzieher; – auf die Möglichkeit von Kurzschlußreaktionen.
	Zusätzlicher Diskussionsimpuls: ein Zeitungsartikel über den Zusammenhang von Schulversagen und Selbstmord.	

Hausaufgabe:

Lest die Szene III. 1 intensiv durch! Stellt euch vor, ihr solltet die Rolle eines Spielleiters übernehmen.

1. Welche Empfehlungen würdet ihr als Spielleiter zur Gestaltung der Bühne (Bühnenbild, Beleuchtung, Positionsplan der Figuren, Requisiten) geben? Fertigt eine Skizze zu diesem Zwecke an!
2. Welche Hinweise würdet ihr den jeweiligen Schauspielern zum Spielen ihrer Rollen geben? Skizziert eure Vorstellungen zur Rolle des Direktors und eines Lehrers (z.B. Zungenschlag, Fliegentod)! Charakterisiert insbesondere mögliche Verhaltensweisen, sprachliche, mimische, gestische Haltungen und Eigenheiten der jeweiligen Figuren!

Tafelbild I (zu Phase 2)

Gliederung des Textangebotes anhand dramaturgischer Kriterien

Charakterisierungsmöglichkeiten
(in bezug auf Personen,
Gegenstände, Sachverhalte)

<u>explizit, direkt, narrativ</u>
Beschreibung und Beurteilung der Schule / Lehrer durch die Jugendlichen
(I. 2; I. 4; II. 1; III. 2)

Moritz: „Wozu gehen wir in die Schule, damit man uns examinieren kann! – Und wozu examiniert man uns? – Damit wir durchfallen. Sieben müssen ja durchfallen, schon weil das Klassenzimmer oben nur sechzig faßt." (I. 2)

<u>implizit, indirekt, szenisch</u>
Selbstdarstellung der Schule / Lehrer
(Ende I. 4; III. 1)

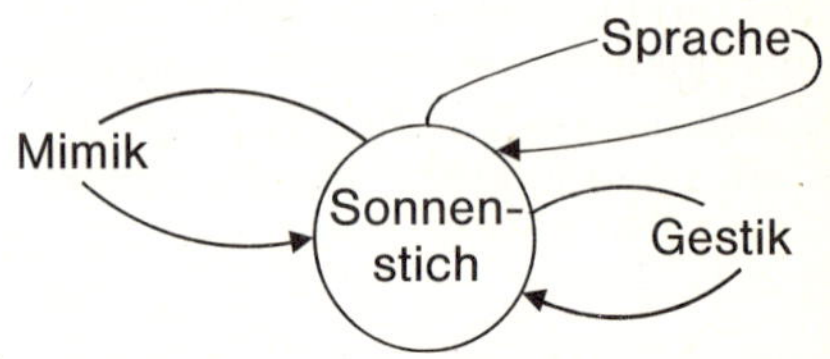

Sonnenstich: „Sollte einer der Herren noch etwas zu bemerken haben? – Meine Herren! – Setzen wir den Fall, daß wir die Relegation unseres schuldbeladenen Schülers bei einem hohen Kultusministerium zu beantragen unterlassen, so wird <u>uns</u> ein hohes Kultusministerium für das hereingekommene Unglück verantwortlich machen." (III. 1)

Tafelbild II (zu Phase 4)

Entfremdete schulische Verhältnisse

Tafelbild III (Exkurs)

Der Fall Moritz'

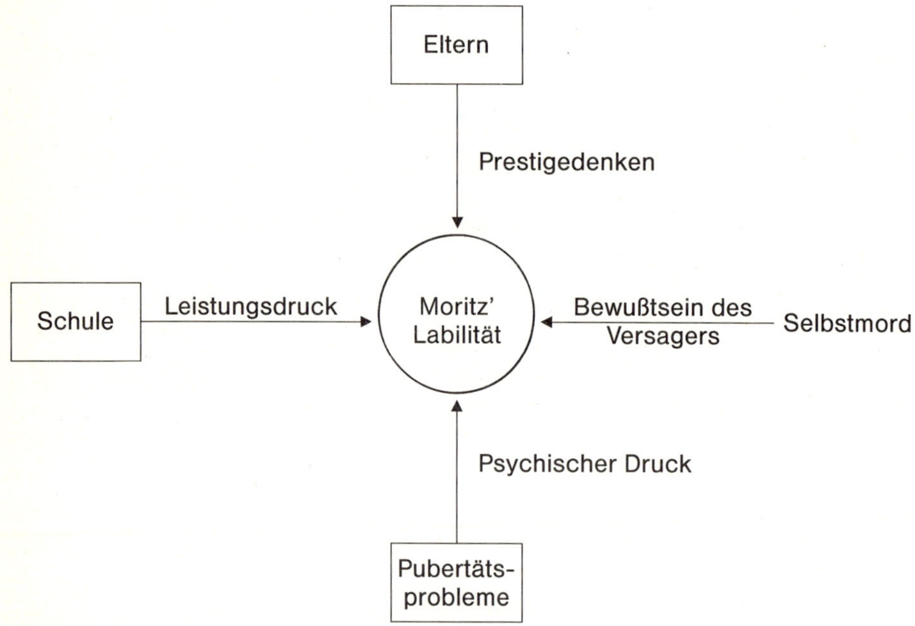

Belege:

<u>Leistungsdruck:</u> „Ich will arbeiten und arbeiten, bis mir die Augen zum Kopf herausplatzen." (II. 1)

<u>Prestigedenken:</u> „Wenn <u>ich</u> durchfalle, rührt meinen Vater der Schlag, und Mama kommt ins Irrenhaus." (II. 1)

<u>Psychischer Druck:</u> „Wenn du wüßtest, was ich ausgestanden seit jener Nacht! ... <u>Todesangst!</u> ... Ich hielt mich für unheilbar. Ich glaubte, ich litte an einem inneren Schaden." (I. 2)

<u>Bewußtsein des Versagers:</u> „Besser ist besser. Ich passe nicht hinein ...
Ich habe mich nicht aufgedrängt ...
Man hat mich gepreßt." (II. 7)

13./14. Stunde: Groteske Vision – die Lehrerkonferenzszene (III. 1)

Unterrichtsphasen	Methodische Hinweise	Erwartungen / Ergebnisse
Phase 1: Selbstdarstellung der Schule	fragend-entwickelnd Anknüpfung an die Arbeitsergebnisse der voraufgegangenen Stunden; Hinführung zur Problemformulierung der Stunde: – In welcher Weise stellen sich die Schule und deren Repräsentanten im Stück dar?	Rubrizierung der Textbereiche 1. Schule aus der Sicht der Jugendlichen 2. Selbstdarstellung der Schule und ihrer Repräsentanten a) Gespräch zwischen Knochenbruch und Hungergurt in I. 4; b) Konferenzszene III. 1
Phase 2: Analyse des Endes von I. 4	Unterrichtsgespräch – Wie charakterisieren sich die Lehrer Hungergurt und Knochenbruch durch ihre Sprache und ihr Verhalten?	Formalisierung der Sprechakte durch Höflichkeitsfloskeln („verehrter Herr Kollega") und Bestätigungsgesten („Mir auch") blockieren das Gespräch der Lehrer; sie wirken marionettenhaft; soziale Beziehungen unter den Schülern werden von ihnen allein vor dem Hintergrund von Leistungskriterien beurteilt; freundschaftliche Bindungen der Schüler, die aus gemeinsamen Interessen und Erlebnissen resultieren, werden von ihnen abqualifiziert.
Phase 3: Die szenische Gestaltung der Konferenzszene (III. 1)	Schüleräußerungen Vorstellung der Ergebnisse der Hausaufgaben (I. Gruppe); eventuell Korrekturen und Ergänzungen der Resultate im Unterrichtsgespräch.	Ergebnisse der Analyse der Regieanweisungen Antinaturalistisches Bühnenkonzept: keine Dekoration, keine Gestaltung von Milieu; dagegen: sparsame, funktionelle Verwendung der Requisiten; diese zielen – entsprechend den sozialkritischen Absichten des Autors – auf Widerspruch und Entlarvung (z.B. die Bildnisse der Erzieher Pestalozzi und Rousseau als Vertreter einer naturorientierten Erziehung); spärliche Beleuchtung und geschlossene Fenster schaffen eine dämmerige, stickige, unwirkliche Atmosphäre; hierarchische Sitzordnung (erhöhter Sitz Sonnenstichs) veranschaulicht soziales Beziehungsgefüge.

Unterrichtsphasen	Methodische Hinweise	Erwartungen/Ergebnisse
Phase 4: Die Rolle Sonnenstichs	<u>Schüleräußerungen</u> Vorstellung der Ergebnisse der Hausaufgaben (II. Gruppe); eventuell Ergänzung der Resultate im Unterrichtsgespräch und durch <u>Lehrervortrag</u> (insbesondere bei der Aufarbeitung sprachlicher Feinstrukturen).	<u>Ergebnisse der Analyse der Sprechakte Sonnenstichs:</u> Sonnenstich hat die größten Redeanteile in der Szene; <u>sprachliche Eigenheiten seiner Reden:</u> rhetorische Fragen: „Sollte einer der Herren noch etwas zu bemerken haben?“ (43) Versatzstücke: „Wenn wir nicht umhin können, …“ (43). „Wir sehen uns in die Notwendigkeit versetzt, …“ (45). Imperative: „Öffnen Sie ein Fenster!“ (44). „Führen Sie ihn herauf!“ (45). Phrasen: „… und bis heute allen Mitteln, den Gymnasiasten an seine durch seine Heranbildung zum Gebildeten gebildeten Existenzbedingungen zu fesseln, gespottet hat.“ (43). Hinzu kommen hypotaktischer Satzbau, Nominalstil, übertriebene Bildlichkeit, steigernde Wiederholungsfiguren („Wir können es nicht, …“, 43). <u>Funktion dieser Mittel:</u> Unterbindung von Kommunikation, Durchsetzung dogmatischer Ansprüche. <u>Erscheinungsbild Sonnenstichs:</u> a) Tyrannischer, seelenloser Bürokrat und Pedant (schwergewichtig, autoritär, kalt, brutal) b) Schrulliger, skurriler Schultyrann mit marottenhaftem Verhalten <u>Fazit:</u> Verfremdung der Rolle Sonnenstichs durch Übertreibung und Verzerrung macht die Diskrepanz von Sein und Schein bei ihm deutlich und löst auf seiten des Publikums Heiterkeit aus.
Phase 5: Die Rolle der Lehrer	<u>Schüleräußerungen</u> Vorstellung der Ergebnisse der Hausaufgaben (Gruppe II); Ergänzungen im Unterrichtsgespräch möglich.	Die Lehrer sind durch sprechende Namen charakterisiert; sie werden typisiert, flächenhaft dargestellt; ihre Rollen erschöpfen sich in ihrer schulischen Funktionalität; sie wirken wie Marionetten. Der Gegensatz zwischen ihren hochformalisierten Reden und den ihnen zugrunde liegenden banalen Inhalten entlarvt sie.
Phase 6: Die Lehrerkonferenz als Groteske – eine Bilanz	<u>fragend-entwickelnd</u> – Mit welchen literarischen Mitteln arbeitet der Autor bei der Selbstdarstellung der Schule und der Lehrer in der Konferenzszene?	<u>Bilanz:</u> Verfremdung der Institution der Schule und der Lehrer durch Übertreibung und Karikatur, durch Parodie und Satire; Darstellung der Lehrerszene als Groteske, z. B. die hochformalisierte, ritualisierte Diskussion zwischen den Lehrern über ein zu öffnendes Fenster, das gar nicht mehr existiert; die Umkehrung des gerichtlichen Tribunals, da der Schuldspruch am Anfang steht; schließlich das Mißverhältnis von Anspruch und Wirklichkeit.

13./14. Stunde: (Fortsetzung) *Groteske Version – die Lehrerkonferenzszene (III. 1)*		*Frühlings Erwachen*
Unterrichtsphasen	**Methodische Hinweise**	**Erwartungen / Ergebnisse**
	– Welche Absicht verfolgt er mit seiner Darstellung?	Hilfestellung: Zum Begriff der Groteske: „Dichtart des Derbkomischen, Närrisch-Seltsamen, die teils humoristisch, teils ironisch scheinbar Gegensätzlichstes und Unvereinbares ... in paradoxem Phantasiespiel in übermütiger, verblüffender Weise nebeneinanderstellt und in Zusammenhang bringt ...“ (Wilpert, Sachwörterbuch der Literatur, S. 307) Wedekind inszeniert die Lehrerszene als skurriles Panoptikum; er entlarvt die Doppelbödigkeit der von der Schule propagierten Bildung und Moral. Die Konferenzszene ist als bizarre, ins Phantastische gesteigerte Vision der Schüler konzipiert.
Exkurs: Die Rolle Melchiors	fragend-entwickelnd – Welche Rolle spielt Melchior in der Konferenzszene? Wie wirkt er auf den Leser/Zuschauer?	Melchiors Rolle ist die einzige, die innerhalb der Szene nicht verfremdet wird. Aus der asymmetrischen Gesprächssituation (ungleiche Verteilung der Redechancen) resultiert die Passivität und Ohnmacht des Jungen, dennoch ist er – bei aller Abhängigkeit von der Institution, bei aller Unmenschlichkeit und Erniedrigung, die ihm zugefügt wird – die einzig menschliche Figur. Da er von Possenspielern verurteilt wird, ist sein Abgang kein tragischer.

Hausaufgabe:

Gründliche Lektüre von I. 2 und I. 3; dazu schriftlich (arbeitsteilig):
Gruppe I: Schreibt aufgrund eurer Lektüre von I. 2 eine vergleichende Charakterisierung von Melchior und Moritz.
Gruppe II: Vergleicht aufgrund eurer Lektüre von I. 3 Wendla, Martha und Thea in ihrem Denken und Verhalten.

15./16. Stunde: „Erscheinungen der Pubertät“

Frühlings Erwachen

Unterrichtsphasen	Methodische Hinweise	Erwartungen / Ergebnisse
Phase 1: Die heranwachsende Jugend	<u>Schülervortrag</u> Ein Schüler liest den Brief Wedekinds vom 5.12.1891 vor. <u>fragend-entwickelnd</u> – In welcher Weise charakterisiert der Autor die Jugendlichen hinsichtlich ihrer Natur und Lebenswelt innerhalb des Stückes? – Welche pubertären Erscheinungsformen zeigen die Jugendlichen im Drama? – Wie gestaltet Wedekind die Probleme der Jugendlichen in seinem Stück?	Vgl. Materialien, S. 18; besonders Z. 6–10. Der Brief stellt eine erste Interpretation des Stückes durch den Autor dar. <u>„heranwachsende Jugend“ (Z. 7)</u> Alter: 13 bis 15 Jahre soziale Herkunft: meist bürgerliche, mittelständische Familien; aber: Jugendliche keine homogene soziale Gruppe (Unterschiede in den Neigungen, dem Reifegrad und den intellektuellen Fähigkeiten); geschlechtsspezifische Differenzierung innerhalb des Stückes. <u>pubertäre Erscheinungen (Z. 6 f.)</u> Jugendliche auf der Suche nach personaler Identität; Ausbildung neuer Interessen; Veränderungen im Denken und Verhalten; Entwicklung und Erprobung verschiedener Sexualformen. <u>poetische Gestaltung (Z. 8 f.)</u> Keine naturalistische Darstellung; Verfremdung der Erfahrungswelt der Jugendlichen durch Komik, Satire und Groteske; der Autor verwendet unterschiedliche Stile: lyrische Naturerfahrung, Bildungsjargon, Umgangssprache.
Phase 2: Melchior und Moritz	<u>Schülervortrag</u> Darstellung der Ergebnisse der häuslichen Arbeit (I. Gruppe); Vertiefung der Einsichten durch Beiträge aus dem Plenum. Eventuell <u>Lehrervortrag</u> zur Reformpädagogik und Jugendbewegung um 1900	a) <u>Denken und Verhalten von</u> Moritz — Melchior sprunghaft spontan schwankend stimmungs- und situationsgebunden offen Moritz ↓ abhängig, ängstlich, labil ←→ Melchior ↓ selbständig, abgeklärt, selbstbewußt b) Moritz und Melchior entwickeln für ihre Zeit liberale Erziehungsvorstellungen (Forderung nach Ungezwungenheit und Natürlichkeit), z. B. Erklärung des Schamgefühls im Sinne von Sozialität und Naturwüchsigkeit; Koedukation.

Unterrichtsphasen	Methodische Hinweise	Erwartungen / Ergebnisse
Phase 3: Thea – Martha – Wendla	Schülervortrag Vorstellung der Ergebnisse der Hausaufgaben (II. Gruppe); Ergänzung und Vertiefung der Einsichten durch Beiträge aus dem Plenum.	Charakterisierung der Mädchen Wendla: keck, lebensfroh, selbstbewußt, verständnisvoll, hilfsbereit Thea: eitel, oberflächlich, halbgebildet, konventionell Martha: kritisch, freimütig schwärmerisch naiv
Phase 4: Jungen- und Mädchenszene	Unterrichtsgespräch Bilanzierung und Erweiterung der Ergebnisse durch Vergleich. – Welche Gemeinsamkeiten und Unterschiede ergeben sich, wenn man I. 2 mit I. 3 vergleicht? Eventuell Lehrervortrag zur Rolle der Frau am Ende des 19. Jahrhunderts.	Vergleich: Jungen- und Mädchenszene Gemeinsamkeiten: Naturverbundenheit der Jugendlichen; Art der Gesprächsführung (erlebniszentriert, spontan, sprunghaft) Unterschiede: Schulische und sexuelle Probleme werden im Gespräch der Mädchen ausgeklammert; statt dessen Gespräch über ihre zukünftige Rolle als Erzieherin und Mutter. Anknüpfung an die Rollenverteilung in der kleinbürgerlichen Familie: Herausarbeitung der Frau als Luxus- und Lustobjekt des Mannes.
Phase 5: Aktualisierung eines Szenenausschnittes	Gruppenarbeit (arbeitsteilig) Kreativitätsübung zum Sprachgebrauch der Jugendlichen: – Wählt einen Textausschnitt aus I. 2 bzw. I. 3 aus. Schreibt den ausgewählten Teil der Szene so um, daß eine aktuelle Fassung des Gespräches entsteht.	
Phase 6: Historische Differenzen	Schülervorträge Darstellung der Ergebnisse der Gruppenarbeiten; Vorstellung der Textfassungen (eventuell durch szenisches Spiel).	Aufzeigen von historischen Differenzen zwischen Wedekinds Stück und den Aktualisierungen der Schüler: Veränderungen im Sprachgebrauch (Wortschatz, Syntax, Semantik): z. B. Anwendung von Elementen und Formulierungsmustern der Jugendsprache; inhaltliche Unterschiede: schulische und familiäre Erfahrungen, sexuelle Probleme, Vorstellungen vom zukünftigen Leben.
Hausaufgabe: Analysiert die Szene I. 5.		

17. Stunde: *Pervertierte Sexualität*		*Frühlings Erwachen*
Unterrichtsphasen	**Methodische Hinweise**	**Erwartungen / Ergebnisse**
Phase 1: Deutungshypothesen	Schüleräußerungen Vorstellung der Ergebnisse der Hausaufgaben. Unterrichtsgespräch Kritik an den Resultaten; Differenzierungen, Ergänzungen; Lehrer hält Ergebnisse in Stichworten an der Tafel fest.	Formulierung von Deutungshypothesen zu der Szene I. 5. Tafelanschrieb (als Stoffsammlung): zufälliges Gespräch; Melchiors zynische Interpretation von Moral – Wendlas altruistische Auffassung; erste manifeste Äußerung von Sexualität; Perversion von Sexualität: Masochismus als Mischung aus Lust und Schmerz.
Phase 2: Analysekriterien	fragend-entwickelnd – Wie geht man bei einer Textanalyse systematisch vor? – Welche Gesichtspunkte sind bei einer Szenenanalyse zu berücksichtigen?	Inventar an Gesichtspunkten (in systematischer Reihenfolge): a) Stellenwert der Szene (Vorgeschichte) b) Situationsbeschreibung (Personen, Ort, Zeit, Handlung) c) Aufbau (Entwicklung, Phasen) d) Dialogführung (Inhaltsaspekt, Beziehungsaspekt) e) Resultate
Phase 3: Anwendung der Kriterien auf die Szene	fragend-entwickelnd – In welcher Weise lassen sich die erarbeiteten Kriterien für die Analyse von I. 5 fruchtbar machen? – Zu welchen Ergebnissen gelangt die Anwendung?	zu a) Nach der Exposition von Jungen und Mädchen in Individual- und Kollektivszenen erste Zusammenführung von männlichen und weiblichen Protagonisten. zu b) Kein öffentlicher Ort (ermöglicht den pervertierten Ausbruch von Sexualität); zunächst Vorstellung des Ortes als Genrebild; „philosophisches" Gespräch zwischen den Jugendlichen wirkt aufgesetzt. zu c) 3 Phasen: 1. Zusammentreffen von Melchior und Wendla 2. Gespräch über Egoismus und Altruismus 3. Ausbruch sadistischer und masochistischer Triebe zu d) Dialogteilnehmer reden aneinander vorbei; Gesprächsstil: assoziativ, unsystematisch, spontan, den Affekten, Stimmungen und äußeren Reizen unterworfen; zum Schluß stichomythische Anlage des Dialogs (schnelle, zeilenweise zwischen den verschiedenen Personen wechselnde Rede und Gegenrede); am Ende Überwucherung der Sprache durch Gestik. zu e) Wirkungsvoller dramatischer Schlußpunkt des I. Aktes; Darstellung der Wirkungen, die sich aus dem erpreßten Triebverzicht ergeben; aggressive und libidinöse Triebe verlangen nach Auslösung.
Hausaufgabe: Intensive Lektüre von III. 7. Kennzeichnet (in Stichworten) die Rolle des vermummten Herrn.		

18./19. Stunde: *Die Schlußszene – eine allegorische Problemlösung?*		*Frühlings Erwachen*
Unterrichtsphasen	**Methodische Hinweise**	**Erwartungen / Ergebnisse**
Phase 1: Der irreale Charakter der Schlußszene	Schüleräußerungen Spontane Formulierung von Lektüreeindrücken der Schlußszene.	Tafelanschrieb Stichworte: Irrealer Charakter der Szene (kopfloser Moritz, vermummter Herr); unwirkliche Raum- und Zeitgestaltung (Friedhof, helle Novembernacht); Erklärungsversuch: Schlußszene ein Traumbild Melchiors, dabei der kopflose Moritz und der vermummte Herr als Projektionen Melchiors.
Phase 2: Rekonstruktion der Fabel	Schüleräußerungen Rekonstruktion der Voraussetzungen und des Verlaufes der Schlußszene.	Ausgangsposition Melchiors: Flucht aus der Korrektionsanstalt und Entdeckung des Grabes von Wendla; Melchior hält sich für den Mörder Wendlas; aus Verzweiflung will er sich das Leben nehmen; zwischen Tod und Leben stehend, entscheidet er sich für das Leben.
Phase 3: Antithetischer Aufbau	fragend-entwickelnd – Wie hat der Autor die Schlußszene aufgebaut? Tafelbild (s. S. 32) Lehrerhinweis Terminologische Erläuterungen zum Begriff der Allegorie.	Die Szene ist dialektisch konzipiert; für Melchior ist sie eine Entscheidungsszene; er steht zwischen dem kopflosen Moritz als der personifizierten Allegorie des Todes und dem vermummten Herrn als Allegorie des Lebens; beide werben um Melchior, machen ihm die Vorzüge von Tod und Leben deutlich, drängen ihn zur Entscheidung. Allegorie: In der Dichtung Sinnbild bzw. bildhaft belebte Darstellung eines abstrakten Begriffes oder eines Gedankenganges, indem der Dichter zum Allgemeinen das Besondere sucht.
Phase 4: Der vermummte Herr	Schüleräußerungen Vorstellung der Ergebnisse der häuslichen Arbeit. Tafelanschrieb	Stichworte: Der vermummte Herr: ohne individuelle Konturen; nicht festlegbar; unwirklich; in der Rolle des Verführers; skeptisch und zynisch; Kritiker kleinbürgerlicher Verhältnisse und deren verlogener Moral; Mentorfunktion für Melchior; desillusionierend in bezug auf Moritz.

Unterrichtsphasen	Methodische Hinweise	Erwartungen / Ergebnisse
Phase 5: Moritz als erhabener Humorist	fragend-entwickelnd – Wie wirkt Moritz' Erscheinung auf das Publikum? – Wie charakterisiert und deutet er selbst die neue Rolle, die er spielt?	Skurrile, gespensterhafte Erscheinung; Kopflosigkeit als Zeichen des Identitäts- und Lebensverlustes. Deutung als einsamer, erhabener Humorist bzw. als abstrakter Idealist („Wir sind für nichts mehr erreichbar, ... Wir stehen hoch, hoch über dem Irdischen. ... Über Jammer und Jubel sind wir gleich unermeßlich erhaben." 65); Distanz zum menschlichen Leben als einer Komödie („Wir wissen, daß alles Dummheit ist, was die Menschen tun und erstreben, und lachen darüber." 65); Erhabenheit als Möglichkeit, Leben und Tod zu ertragen, das menschliche Leben als Trug, als Possenspiel zu durchschauen; solche lässig-kontemplative Haltung kontrastiert deutlich mit der Rolle, die er im Leben gespielt hat.
Phase 6: Verfremdung durch Humor und Parodie – Versuch einer Bilanz	Unterrichtsgespräch – Welche Problemlösung entwickelt der Autor in der Schlußszene? – Mit welchen Mitteln verwirklicht er sie? – Wie ist die Problemlösung zu beurteilen?	Folgender Gedankengang erscheint möglich: Das Stück endet – wider die Titelformulierung – nicht tragisch. Es löst weder Schrecken noch Mitleid aus; die Schlußszene ist kein pathetischer Abgesang, weder ist sie Elegie auf die nicht mehr einzuholende Natur und kindliche Unschuld noch Vorschein auf die Heimführung in eine bessere Gesellschaft. Der vermummte Herr führt Melchior in die bürgerliche Gesellschaft, nachdem er ihn vorher über ihre Mechanismen aufgeklärt hat. Diese verheißt abenteuerliche Möglichkeiten („Du lernst mich nicht kennen, ohne dich mir anzuvertrauen." 68) und in deren Erfahrung Interessantes und Lustvolles. Wedekinds Mittel: Verfremdung und Komik, Ironie und Humor. Dadurch werden die große Geste und das hohe Pathos (Moritz' Erhabenheit) entzaubert; das wirkungsästhetische Korrelat solcher Mittel: heitere Bewußtheit im Zuschauer. Herausarbeitung des Widerspruches: Die bürgerliche Gesellschaft fordert zwei Menschenleben und wird dennoch als einzige Lebensmöglichkeit (-perspektive) ausgewiesen. Diese wird zwar entlarvt, aber keine Möglichkeiten zu deren Veränderung aufgezeigt.

Tafelbild zu den Phasen 3, 4, 5 und 6

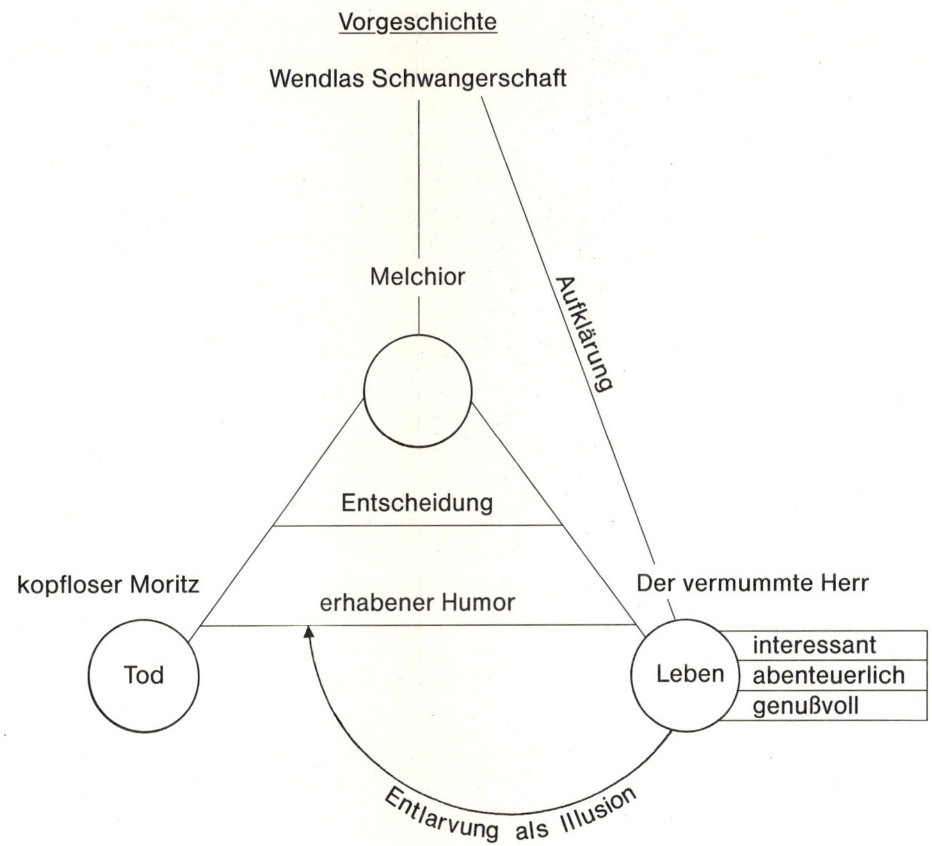